"SALAM"

I0503712

Les Violences Basées sur le Genre

(VBG)

Revue scientifique trimestrielle

Édition

Juin 2023

Table des matières

- M. Makaila Samba (juriste)
  Chercheur au CEDPE
- M. MAHAMAT ALI MAHAMAT
  Chercheur au CEDPE
- Mme Caroline Ndimendoudé
  Chercheure au CEDPE
  Sous la direction de Bouba Narcisse

Editorial : Soudan, en attendant les Terroristes

T out a commencé le samedi 15 avril à 9h15 lorsque les habitants de la capitale soudanaise ont été surpris par une salve de coups de feu. Alburhane et Hemetti, les deux

Une armée humiliée par la milice des Forces de Soutien Rapide (FSR)

généraux au pouvoir depuis la chute du président Elbechir en 2019, ont décidé d'accorder la priorité aux armes pour résoudre leur malentendu. Une tentative de putsch ? les deux entités militaires en l'occurrence les forces d'interventions rapides dirigées par le vice-président Mohammed Dagalo Hemetti et l'armée nationale restée fidèle au président du Conseil de souveraineté et de transition le général Abdelfattah Al Buhran, s'accusent mutuellement !

Depuis quelques semaines, les deux anciens amis qui ont dirigé ensemble le renversement du président Omar Hasan Elbechir étalaient leurs divergences sur la place publique. Le commandant adjoint de RSF le général Abdelrahim Dagalo, le grand frère du général Hemetti, ne s'est pas privé d'attaquer ouvertement le président Alburhane. Dans une déclaration à New York Times, il a déclaré que « *le chef de l'armée Abdul Fatah al Burhan s'est entouré avec son commandement général d'un mur en béton pour se protéger, alors qu'il ne se souciait pas si le reste du pays brûlait* ». Il a accusé les généraux de s'emparer du pouvoir après la chute d'Elbéchir. Il accuse les généraux d'être à l'origine du recul du pays avec des manifestations qui se poursuivent et une économie effondrée. Il constate que maintenant les généraux se battent pour la conservation du pouvoir alors qu'il serait mieux de le remettre aux civils.

Cette situation intervient à un moment où l'armée et les civils « *forces de la liberté et du changement* » s'apprêtaient à apposer leurs signatures sur un accord final visant à remettre le pouvoir aux civils - du moins sur papier - avant le quatrième anniversaire de l'éviction de Bashir, le 11 avril. Il convient de rappeler que le processus de l'accord a été facilité par un mécanisme tripartite constitué de la MINUS, de l'Union africaine et de l'IGAD en vue de rétablir le pouvoir civil renversé en octobre 2021 par un deuxième coup d'État. La cause du 2ème report de la signature de l'accord est due au désaccord des deux entités militaires sur le délai de réforme et d'intégration des forces de soutien Rapide aux forces armées nationales. Alors que l'armée exige une réforme immédiate jusqu'à intégration des RSF, le vice-président soudanais du Conseil de souveraineté et commandant des forces de soutien rapide (RSF) Monsieur Mohamed Hamdan Dagalo Hemetti exige un processus décennal pour entamer le processus de réintégration de sa milice. Il a souligné que le soudan peut s'inspirer des modèles d'Afrique du Sud, des Philippines, du Zimbabwe ou la Namibie qui ont connu des évolutions rapides dans la réforme et la modernisation de l'armée.

Le report de l'accord de transfert du pouvoir aux civils et le retour de l'armée aux casernes a suscité des manifestations à Khartoum et dans d'autres villes contre le régime militaire et la monopolisation du pouvoir.

Par ailleurs, Arko Minnawi, un leader du bloc démocratique qui rejette le processus politique en cours, a déclaré dans un tweet sur son compte Facebook que son groupe avait accepté une proposition sur la base d'un pourcentage de participation entre 47 et 53%. Cependant, le leader de la

FFC Yasser Arman a réfuté cela ; il a souligné que le temps des quotas est caduc.

Aucune clarification n'a été reçue du mécanisme tripartite comprenant les Nations unies, l'Union africaine et l'IGAD, mais Yasser Arman a exclu un retour à la formule de quota en vigueur par le passé ; "*Ceux qui parlent de l'offre de participation de 47% sont incapables de voir les tâches de la révolution et de la construction de l'État basée sur la citoyenneté et la non-discrimination* ".

Bref, la situation dans la capitale soudanaise, où se trouvent diverses forces appartenant à différents groupes des mouvements politico-militaires, était préoccupante et les affrontements étaient prévisibles. C'est dans ces conditions que le samedi 15 avril, précisément à 9H15, les forces de Soutien Rapide ont lancé l'offensive, surprenant 142 officiers supérieurs, arrêtés dans leurs lieux de travail. Toutes les structures stratégiques du pays sont passées sous contrôles des FSR. L'aéroport international de Khartoum, le Palais présidentiel, l'Etat major de l'armée et la télévision de l'Etat, ces quatre structures symboles de la souveraineté de l'Etat sont désormais occupées. Des images de militaires faits prisonniers, humiliés et filmés passent en boucle sur les réseaux sociaux. Les Soudanais ont goûté aux premières conséquences de l'embrasement de ce beau pays berceau de l'humanité. C'est dans ce pays accueillant que, pour des raisons politiques, culturelles ou alimentaires, des personnes de divers pays africains y trouvent refuge.

Soudan : A la recherche de la paix sous une multitude d'initiatives.

Outre l'Union africaine et l'Igad, plusieurs États ont offert la médiation. Alors que le Président turc Recep Tayyip Erdogan a invité les deux belligérants soudanais à une rencontre en Turquie, Israël a de son côté, proposé une rencontre des deux généraux en conflit.

Sur le terrain, la situation est toujours confuse et cela laisse supposer que la fin des affrontements n'est pas pour demain. Chaque parti a revendiqué le contrôle des quatre symboles de la souveraineté de l'État : l'aéroport de Khartoum, le palais présidentiel, l'état-major de l'armée et la télévision nationale.

D'intenses concertations se poursuivent entre plusieurs pays surtout ceux du Golfe, les États-Unis, l'Égypte, la Turquie, la Grande-Bretagne, l4arabie Saoudite…. avec pour objectif de faire de pression sur les deux parties en conflit pour cesser les hostilités militaires et résoudre la crise à travers des négociations qui finalement aboutiront à un transfert du pouvoir à un gouvernement civil. Le général Hemetti qui n'était pas partant pour la proposition de l'Igad a accepté l'offre de l'Arabie Saoudite et les Etats unis d'Amérique qui consiste à faire venir les deux généraux en Arabie Saoudite. Cependant, le général El Burhan exclut toute rencontre à l'intérieur ou à l'extérieur du pays et exige avant toute négociation le retrait du Khartoum du FSR accusée d'avoir redéployé, en décembre dernier, ses troupes à Khartoum et dans d'autres villes.

Interrogé par la télévision AL-ikhbaria, le général Chamsadine Alkabachi était catégorique sur le refus de l'armée de négocier avec les forces de soutien rapide. l'IGAD a lancé une initiative en deux temps : prolonger la trêve à 72 heures et ramener les deux parties à la table de négociation. En attendant une lueur d'espoir de ces multitudes d'initiatives de paix, l'évacuation des étrangers, l'exode des Soudanais et les affrontements se poursuivent.

Les interférences étrangères et la menace terroriste
La poursuite des affrontements aura sans doute des effets indésirables dans les pays voisins notamment en RCA et le Tchad avec la circulation des hommes armés et des armes de guerre de nature à renforcer l'insécurité au Tchad, un afflux massif de réfugiés (400 000) et un retour au Tchad de certains combattants appartenant à la milice de FSR car il y a plus de 30% de tchadiens dans les rangs de FSR. L'import du conflit soudanais à la frontière tchadienne est possible grâce à l'implication de groupes ethniques vivant à cheval entre le Soudan et le Tchad.
Il faut aussi tenir compte des conséquences économiques dans l'est du Tchad, plus particulièrement dans la région du Ouaddaï, où les marchandises et les denrées alimentaires proviennent généralement à travers du port du Soudan. Aujourd'hui, il y a des marchandises bloquées entre le Port Soudan, Khartoum, Fachir et Eldjenena. Au niveau régional, le RSF peut renforcer ses moyens humains dans des pays comme le Mali, le Niger, la Mauritanie et le Tchad. Le soudan du Sud a déjà intercepté

un renfort en provenance de la RCA, un pays avec des frontières poreuses en raison de la fragilité de l'État. Ces renforts pourraient poser un grave problème à moyen et long terme en cas d'accord de paix au Soudan. Au niveau international, on craint une résurgence des foyers du groupe État islamique, car le terrorisme et l'extrémisme tentent généralement de s'installer là où les États sont fragiles. Israël a déjà émis un avertissement en la matière. Il convient de rappeler qu'AlQaida a été formé à partir du Soudan et d'autres foyers ont été découverts à Khartoum après la chute du Président Omar Elbéchir. Cependant, il ne faut pas oublier les interférences extérieures qui peuvent alimenter les conflits en apportant un soutien aux belligérants. Parmi les pays cités, on retrouve l'Égypte, le Tchad et le Qatar qui digéreront différemment la victoire du général Hemetti. De l'autre côté, il y a le maréchal Haftar de Libye, l'Éthiopie, la RCA, Wagner et les Emirats arabes unis dont le cœur bat pour les FSR.

Humanitaire et sécurité

Plusieurs organisations humanitaires ont tiré la sonnette d'alarme sur une éventuelle grave crise alimentaire qui commence à émerger dans la capitale, Khartoum, après qu'un certain nombre de marchés centraux ont été détruits ou pillés. Les organisations médicales publiques et locales exigent que les équipements médicaux soient neutralisés des opérations hostiles, qui souffrent d'une détérioration dramatique et d'une pénurie de médicaments. Pour échapper aux affrontements meurtriers au milieu des quartiers, les habitants de Khartoum se sont réfugiés dans d'autres quartiers et États. Les prix des produits de première nécessité augmentent. « La population soudanaise, déjà très affectée par les besoins humanitaires, est au bord du gouffre ». Des informations faisant état de pillages de fournitures et d'entrepôts humanitaires.

Les Nations Unies ont été contraintes de réduire certaines de leurs activités.

Si dans les principales villes notamment à Khartoum les réseaux de la société civile répondent aux besoins les plus urgents de leurs communautés en mobilisant l'assistance médicale, en distribuant de la nourriture et de l'eau et en aidant les civils », dans des pays comme le Tchad, la population reste démunie malgré son hospitalité et l'état a des difficultés de répondre au besoin des réfugiés dont le nombre est estimé à 20 000 et pourra atteindre 400 000 en plus des 600 000 déjà existant. Sur le plan sécuritaire, le Tchad est une des premières victimes des pays voisins car il partage une frontière avec le soudan longue d'environ 1300 km et surtout qu'il convient de souligner qu'il y a plusieurs ethnies qui vivent à cheval entre le Soudan et le Tchad et dont certaines sont impliquées dans les affrontements intercommunautaires dans la province de Eljeineina où la population s'est emparée de 6000 pièces d'armes de tout calibre après avoir cambriolé les magasins d'armes qui se trouvent dans les commissariats et les camps militaires.

I.   PARTIE : ACTIVITES DU CEDPE

Programme d'activités pour la période biennale 2022 - 2024

A. Au titre des tables rondes (08)

1. TABLE RONDE (réalisée)

Les techniques de prévention des conflits et le rôle de la société civile dans la promotion des valeurs démocratiques au cours de la période transitoire du Tchad.

تقنيات منع الصراع ودور المجتمع المدني في تعزيز القيم الديمقراطية خلال الفترة الانتقالية لتشاد

<u>DATE</u> : MERCREDI 04 JANVIER 2023
<u>Lieu</u> : CEFOD– N'DJAMENA
Huit (08) panélistes

2. TABLE RONDE (réalisée)

Le rôle des médias indépendants et l'utilisation responsable des médias sociaux dans la promotion des cultures de paix, le renforcement de la cohésion sociale et la promotion des droits de l'homme pendant la transition politique.

دور وسائل الإعلام المستقلة والاستخدام المسؤول لوسائل التواصل الاجتماعي في تعزيز ثقافات السلام وتعزيز التماسك الاجتماعي وتعزيز حقوق الإنسان خلال فترة الانتقال السياسي

<u>DATE</u> : MARDI 10 JANVIER 2023
<u>Lieu</u> : Université ADAM BARKA– Abéché
Quatre (02) panélistes

3. TABLE RONDE (réalisée)

Le rôle des médias indépendants et l'utilisation responsable des médias sociaux dans la promotion des cultures de paix, le renforcement de la cohésion sociale et la promotion des droits de l'homme pendant la transition politique.

دور وسائل الإعلام المستقلة والاستخدام المسؤول لوسائل التواصل الاجتماعي في تعزيز ثقافات السلام وتعزيز التماسك الاجتماعي وتعزيز حقوق الإنسان خلال فترة الانتقال السياسي

<u>DATE</u> : 17 avril 2023
<u>Lieu</u> : Moundou
Deux (02) panélistes

Table Ronde

sur

le rôle des médias indépendants et l'utilisation responsable des réseaux sociaux dans la promotion des cultures de paix, le renforcement de la cohésion sociale et la promotion des droits de l'homme pendant la transition politique.

 17 Avril 2023   09h à 13h 00   **Panelistes:**

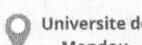 Universite de Mondou

www.centrerecherche.com

Mr: *Agassiz Baroum* : Sociologue, Expert en prévention de l'extrémisme violent.

Mme Dion- Ouma Lelembaye Regine : Doctorante en science de l'ingenerie et juriste

4. TABLE RONDE

Rôle de la femme tchadienne dans la prévention des conflits et la promotion des valeurs démocratiques (sous le patronage du conseil économique, culturel, social et environnemental).

دور المرأة التشادية في الوقاية من الصراعات وتعزيز القيم الديمقراطية (تحت رعاية المجلس الاقتصادي والثقافي والاجتماعي والبيئي).

<u>DATE</u> : 27 juin 2023
<u>Lieu</u> : N'Djamena - CEFOD
(06) panélistes

5. TABLE RONDE

Le rôle des acteurs politiques dans la prévention des conflits et la promotion des valeurs démocratiques.

دور الجهات السياسية الفاعلة في الوقاية من الصراعات وتعزيز القيم الديمقراطية في هذه الفترة الانتقالية

DATE : jeudi 08 juillet 2023
Lieu : N'Djamena
Cinq (06) panélistes

6. TABLE RONDE

Campagne de sensibilisation aux indicateurs des conflits entre communautés et à l'adoption de techniques et d'approches pour leur prévention et leur gestion.

حملة توعية بمؤشرات النزاعات بين المجتمعات المحلية واعتماد تقنيات ونهج لمنعها وإدارتها

DATE : 24 janvier 2024
Lieu : BOL
(02) intervenants

7. TABLE RONDE (en cours)

Les conflits fonciers au Tchad : causes et moyens de prévention
DATE : 27 juin 2024
Lieu : N'Djamena
Quatre (4) panélistes

8. TABLE RONDE (2022 – 2024)

Les indicateurs de conflits religieux et l'adoption des moyens appropriés pour la prévention et la résolution.
DATE : 7 août 2024
Lieu : N'Djamena
Quatre (4) panélistes.

B. Au titre des Formations (06)

1. Formation à N'Djamena (réalisée)

Thème : Les techniques et la méthodologie pour promouvoir les cultures de la paix, la cohésion sociale, la tolérance, et explorer les moyens de prévenir l'extrémisme, le repli identitaire et les conflits religieux. Assurée par Maitre Ousmane Dialo, juriste -Expert (ONUDC- Dakar)
Lieu : CEDPE
Date : du 5 et 6 janvier 2023

2. Formation à Abéché (réalisée)
Thème : Les indicateurs de détection et de prévention de l'extrémisme violent au Tchad
Date : Le 11 janvier 2023

3. Formation à Moundou (réalisée)
Thème : Les indicateurs de détection et de prévention de l'extrémisme au Tchad

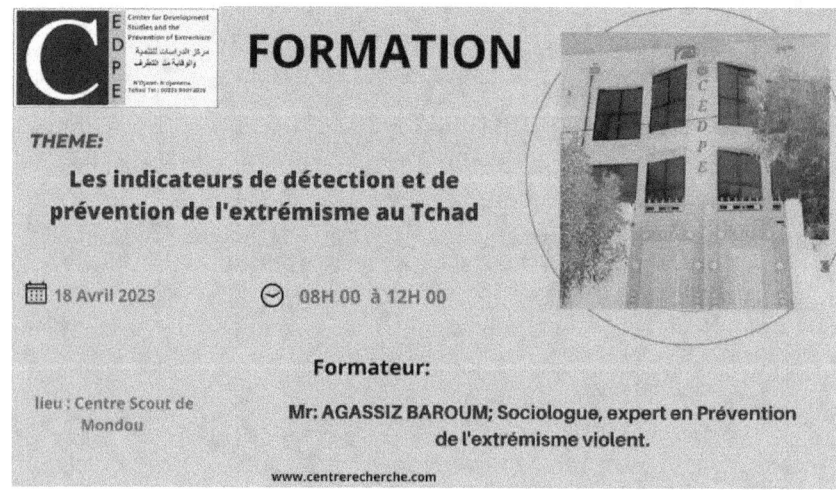

4. Formation à Ndjamena 2024
Thème : la jeunesse face aux défis de l'extrémisme violent
sur les réseaux sociaux et l'impact de ceux-ci dans la
promotion du dialogue et des valeurs démocratiques
    Lieu : CEDPE
    Date : du 4 et 5 janvier 2024

5. Formation à N'Djamena 2024

Thème : le rôle des Médias dans la prévention des conflits et la promotion du dialogue.
Lieu : CEDPE
Date : 06 avril 2024

6. Formation à Ndjamena 2024
Thème : Les indicateurs de détection et de prévention de l'extrémisme au Tchad
Lieu : CEDPE   Date : 04 mai 2024

C. Au titre des Débats télévisés (02)
   1. Débat télévisé à N'Djamena 2023

Jeudi 30 janvier 2023[1] (réalisé)

Média	Débateur	Thème	Jour	Durée
Tchad24	4 panélistes	Sommets Afrique/ puissances internationales et ses impacts sur la prévention des conflits et et le développement socioéconomique	Jeudi 30/1/23	1H30

2. Débat télévisé à N'Djamena 2024

Vendredi 26 janvier 2024

Média	Débateur	Thème	Jour	Durée
Electron TV/ Medi1/ Télé Tchad	4 panélistes	A déterminer	26 janv. 24	1H30

---

[1] Ce débat télévisé est assuré par la télévision Tchad24 (voir en annexe le rapport).

D. Au titre des Revues scientifiques (08 éditions)

1. Décembre 2022 (effectuée éditée et disponible dans la bibliothèque)
2. Mars 2023 (effectuée, éditée et disponible dans la bibliothèque)
3. Juin 2023 (effectuée, en cours d'édition, disponible dans la bibliothèque à partir du 15 juin 2023)
4. Septembre 2023
5. Décembre 2023
6. Mars 2024
7. Juin 2024
8. Septembre 2024

E. Sondage (2)

1. Avril 2023, thème : ce que pensent les tchadiens, six mois après le Dialogue (Réalisé).
2. Avril 2024...................................

F. Etudes :

G. Le rôle des chefs traditionnels, religieux et les acteurs de la société civile dans la prévention de l'extrémisme violent et les conflits pastoraux, comment prévenir les conflits et promouvoir le dialogue.

II. PARTIE : AUTRES ACTIVITES

1. Niger-Niamey :

"La démarche procédurale de la réinsertion des désengagés et désassociés de Boko Haram dans le bassin du Lac Tchad", tel était le thème sur lequel l'expert en gestion des conflits a entretenu les participants.

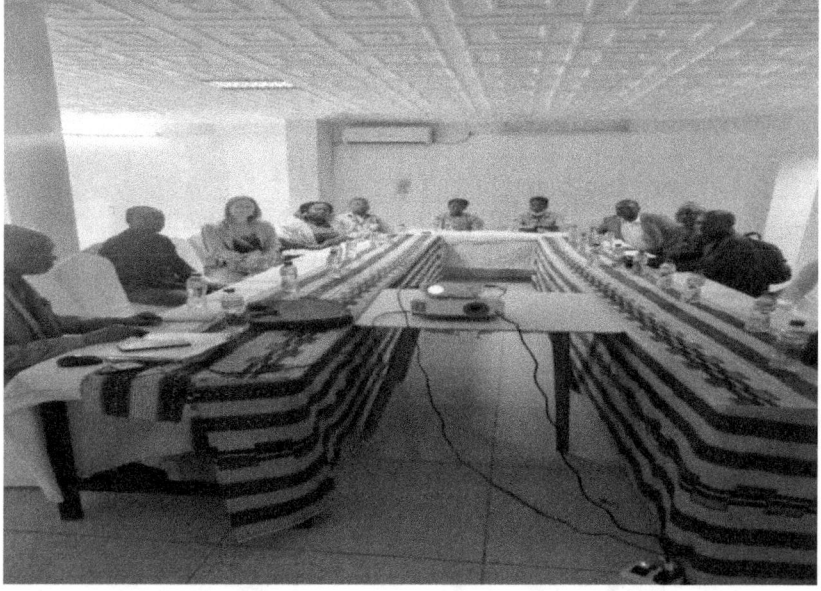

Le Centre d'Études pour le Développement et la Prévention de l'Extrémisme (CEDPE), implanté au Tchad depuis 2017 agit bien au-delà des frontières tchadiennes. C'est dans cet élan, qu'une conférence-débat a été organisée mardi 14 février 2023 à Niamey au Niger, dans un hôtel de la place.

C'est le Président du CEDPE, Dr. Ahmat Yacoub Dabio qui s'est porté lui-même comme conférencier à l'occasion de cette activité. "La démarche procédurale de la réinsertion des désengagés et désassociés de Boko Haram dans le

bassin du Lac Tchad", tel était le thème sur lequel l'expert en gestion des conflits, fort d'une expérience décennale en la matière a entretenu les participants.

Étaient présents, des étudiants, des représentants de l'ambassade de France au Niger, ceux de l'ONUDC, des experts, des fonctionnaires internationaux mais aussi la diaspora tchadienne au Niger. Ce fut un véritable cadre d'échanges et de partages de connaissances. Il faut dire que la thématique abordée vient à point nommé car depuis quelques années, les pays du bassin du Lac Tchad font face à cette catégorie des populations qu'on nomme : "désengagés", "désassociés" ou dans certains cas des "repentis". S'étant détachés de la nébuleuse secte, il faudrait étudier les démarches sinon le processus devant aboutir à leur réintégration dans la société. Il s'agit d'un processus qui implique à la fois psychologie, jurisprudence et économie. Certains pays du bassin du Lac Tchad ne disposent pas de dispositifs juridiques ni de cadre institutionnel pour traiter sans ambiguïté cette question qui n'est pas des moindres.

Le CEDPE dans son ouvrage "7000 désengagés de Boko Haram" signifie qu'avec l'affaiblissement des groupes extrémistes après la mort des deux chefs charismatiques, Shekau et Albunawi en 2021, le terrain est désormais propice pour un projet de stabilisation dans la région du Lac Tchad. L'armée nigériane a annoncé la reddition de 13. 243%20243 terroristes et leurs familles à travers tout le nord-est du pays. Selon le journal le Monde, ces désengagés de Boko Haram seraient maintenant près de 20.000 côté Nigéria et au moins 2000 du côté du Cameroun. Au Tchad, le CEDPE les estime à 7000 dans la province du lac en 2021.

2. L'expérience tchadienne intéresse l'Algérie

Le CEDPE a su imprimer sa marque aussi bien Afrique que dans le monde en cinq ans de service pour le bien-être des peuples. Cette réalité ne laisse pas indifférent nombre d'observateurs. L'ambassade d'Algérie au Tchad, s'est rapprochée ainsi du CEDPE pour prendre connaissance de ses méthodes de travail. C'est l'attaché militaire de ladite ambassade, Ben Ahmad Abdallah, qui a représenté sa chancellerie.

Ce fut une rencontre sans stéréotypes protocolaires, le 06 janvier 2023 dans les locaux du CEDPE entre le président dudit centre Dr. Ahmad Yacoub Dabio et l'émissaire algérien. En proie à des montées d'acte de radicalisation et d'extrémisme depuis quelques années, l'Algérie entend mener des actions pour endiguer le danger. Son ambassade au Tchad, a jugé nécessaire de prendre langue avec le CEDPE, qui s'avère avoir pris une longueur d'avance sur la question.

Ainsi donc, les deux personnalités ont longuement échangé sur les voies et moyens qui puissent permettre à l'Algérie d'entamer avec succès un processus de déradicalisation. Des hypothèses de collaborations conjointes ont été ainsi formulées à l'effet de faire travailler le CEDPE et les structures similaires se trouvant en Algérie dans ce sens.

En outre, la possibilité d'octroi de bourses d'étude au CEDPE par l'Algérie a été évoquée par le diplomate algérien. Une initiative qui vient renforcer les coopérations entre l'Algérie et le CEDPE.

3. Le réseau des organisations de la société civile du bassin du lac Tchad (ROSC/BLT) lance ses activités pour l'année 2023

Ayant connu un arrêt de ses activités durant plusieurs mois à cause des dissensions internes, le ROSC/BLT tel le phénix retrouve sa vivacité d'autrefois avec à sa tête, une nouvelle équipe dirigeante. La cérémonie du lancement officiel des activités a eu lieu dans les locaux du CEDPE le 18 mars dernier devant un parterre d'invités distingués.

« *Engagement de la société civile dans la consolidation de la paix et de résolution des conflits intercommunautaires au Tchad* » tel était le thème sur lequel le ROSC/BLT a animé sa conférence pour marquer le début de ses travaux pour l'année 2023. Cette conférence a été rehaussée par la présence du Dr. Ahmad Yacoub Dabio, expert en gestion des conflits par ailleurs Président du CEDPE comme panéliste.

Cette cérémonie a permis également au nouvel exécutif du ROSC/BLT de faire le bilan et un état des lieux devant la presse, les partenaires, les membres et les invités qui étaient présents. Le ROSC/BLT a connu une période d'inactivité en raison de quelques querelles internes qui se sont accentuées par le manque de communication et de transparence. Le nouveau bureau saura donc s'imprégner du passé pour mieux construire l'organisation et la rendre plus efficace.

Pour mémoire, le ROSC/BLT qui compte aujourd'hui une trentaine d'associations a été créé par le CEDPE, pour fédérer les associations œuvrant pour le bien-être de la province du Lac, afin de faire bloc et lutter efficacement contre l'extrémisme et le terrorisme qui battent leur plein dans cette partie du Tchad depuis plus d'une décennie.

4. Le CEDPE réagit à la suite des grâces présidentielles accordées les 25 et 27 mars 23

Le 25 mars dernier, par un décret présidentiel, le président de la République du Tchad Mahamat Idriss Déby Itno a gracié 380 ex-combattants du FACT, condamnés le 21 mars pour des faits d'atteinte à l'intégrité de l'Etat, de terrorisme, de mercenariat et d'atteinte à la vie du président Idriss Déby Itno. Ils étaient condamnés à la prison à perpétuité et à dédommager l'Etat tchadien à hauteur de 20 milliards de FCFA et la famille du défunt président IDI à 1 milliard de FCFA. Leur libération ainsi que des 259 manifestants arrêtés le 20 octobre 2022 (graciés le 27 mars 2022) suscite des controverses. Le Président du CEDPE, Dr. Ahmat Yacoub Dabio réagit :

« Effectivement, l'Amnesty des prisonniers de guerre et des manifestants du 20 octobre 2022 constitue l'une de mesures qui pourraient bien apaiser la situation. Mais au moment où on gracie des prisonniers de guerre, on apprend qu'il y a eu des conflits armés au niveau de la province de Tibesti. C'est pourquoi, il faut envisager une stratégie de réconciliation et de consolidation de la paix en dehors des résultats du Dialogue tant fanfaronnés qui n'ont pas apporté une solution définitive à l'instabilité militaire au Tchad. Aussi, mon inquiétude est de savoir, est-ce qu'il y a eu, un programme de réintégration sociale de ces prisonniers qui vont être bientôt libérés. Puisque normalement, on doit adopter une approche préparant la réinsertion socioprofessionnelle de ces prisonniers pour qu'il y ait une prévention de la récidive. Cela est bénéfique pour les

prisonniers qui seront libérés mais aussi pour la sécurité publique ».

5. **Addis Abeba – Union Africaine** : Dr. Ahmat Yacoub Dabio discute de la prévention de l'extrémisme avec le président de la **Commission de l'Union Africaine,** Mercredi 12 avril 2023.

Dans le cadre de ses activités, le Centre d'études pour le développement et la prévention de l'extrémisme (CEDPE) poursuit son engagement dans la lutte contre l'extrémisme et la prévention des conflits en Afrique. Le président du CEDPE, Dr. Ahmat Yacoub Dabio, s'est rendu en visite à Addis Abeba dans ce contexte et a été reçu mercredi matin par Moussa Faki Mahamat, président de la Commission de l'Union Africaine, au siège de l'organisation continentale. Au cours de leur entretien au siège de l'Union Africaine, ils ont échangé sur les questions relatives à la lutte contre l'extrémisme et la prévention des conflits en Afrique. Le président du CEDPE a présenté les différentes initiatives menées par son centre dans ce domaine. Il a également discuté de l'importance d'une collaboration accrue entre le CEDPE et l'Union Africaine pour renforcer les actions de prévention de l'extrémisme et la promotion de la paix sur le continent.

Cette rencontre intervient après les visites effectuées par le président du CEDPE dans plusieurs pays tels que Niamey, Dakar et Istanbul. Dr. Ahmat Yacoub Dabio se rendra la semaine prochaine à Paris pour poursuivre ses activités et engagements en faveur de la prévention des conflits et de l'extrémisme en Afrique.

Le CEDPE s'est fixé pour mission de contribuer à la lutte contre l'extrémisme en Afrique en renforçant les capacités des acteurs locaux dans le domaine de la prévention des conflits. Cette rencontre avec le président de l'Union Africaine constitue une étape importante dans la mise en œuvre de cette mission. Le CEDPE poursuit son engagement pour un avenir plus pacifique et stable en Afrique. (Source Alwihda)

6. Les marchandises de la mort envahissent la capitale tchadienne

Le Tchad se trouve dans une situation économique délicate. Sur les marchés, les prix des aliments montent en flèche en même temps que l'inflation.

La propagation répandue de la nourriture périmée est vendue sous les yeux et la barbe des agents indifférents de la ville qui sont seulement intéressés par la collecte des taxes ou des pourboires. Pas d'hygiène et pas de contrôle sanitaire. Le commerce alimentaire dont la date est arrivée à échéance continue cependant à enregistrer un certain nombre d'empoisonnements et de décès de consommateurs. Mais au Tchad, c'est le destin qui est en cause. En l'absence d'électrifications, fruits et poissons ne résistent à la chaleur qu'avec du formol, un produit que les commerçants utilisent pour éviter la décomposition. Cette pratique dangereuse ralentit le processus de putréfaction, un poison qui tue le consommateur lentement. Les cas d'intoxication alimentaire provoquée par des aliments contaminés par des bactéries ou des virus se propagent même dans les établissements scolaires où aucun contrôle n'est imposé aux « vendeuses des « sandwichs scolaires ». Des établissements sanitaires enregistrent de plus en plus des personnes atteintes de gastro-entérite entraînant des crampes d'estomac, des vomissements, la diarrhée et, dans certains cas, la mort. Cette situation alarmante est préoccupante et exige une réaction rapide à la création d'un service spécialisé de contrôle et de réglementation.

A suivre dans le prochain numéro de la revue, une enquête approfondie sur le sujet.

III. PARTIE : VIOLENCES BASEES SUR LE GENRE

A. VIOLENCES BASEES SUR LE GENRE : CAS DE LA FEMME TCHADIENNE

Makaila Samba (juriste)
Chercheur associé au CEDPE

Résumé

La présente étude met un accent singulier sur la problématique de la violence basée sur le genre. Elle met en exergue les différentes causes du phénomène, sans oublier les conséquences y afférentes. Aussi, la question des instruments juridiques en matière de lutte contre les violences à l'égard des femmes n'est-elle pas occultée. Ces instruments juridiques quoique effectifs ne permettent pas pour autant d'enrayer le mal, d'où la nécessité d'apporter des pistes d'amélioration à ces mécanismes juridiques, devant permettre non seulement la prévention de ce fléau, mais aussi et surtout de le combatte définitivement. A cet égard, les techniques sinon, les pistes de solution devant permettre l'amélioration de la lutte contre les violences à l'endroit des femmes constituent la trame essentielle de la présente analyse.

Mots-clés : Violences-Genre-Tchad

Introduction

Selon le contexte mondial, plus d'une femme sur trois indiquent avoir été exposées à des violences basées sur le genre (VBG) au cours de leur vie, près de 750 millions de femmes et de filles se sont mariées avant leur 18e anniversaire et plus de 200 millions ont subi des mutilations génitales féminines (OMS, 2018). Les chiffres sont accablants.

Au Tchad, une femme sur cinq déclare être victime de violence physique et 12% des femmes subissent des violences sexuelles chaque année, 35% des filles sont mariées avant l'âge de 15 ans et 44% ont vécu des mutilations génitales féminines (Enquête EDS-MICS, 2014-2015). Nonobstant le fait que le Tchad dispose d'un arsenal juridique étoffé, aussi bien au plan international, régional que national en matière de lutte contre les violences faites aux femmes, on assiste à la récurrence des cas de violences à l'égard de cette catégorie de population.

Les VBG sont l'un des problèmes fondamentaux et présents dans les sociétés tchadiennes. Aux termes de l'article 1er de la Déclaration des Nations Unies sur l'élimination de la violence à l'égard des femmes adoptée en Décembre 1993 et proclamée le 24 Février 1994 par l'Assemblée Générale des Nations Unies : *« Les mots violence à l'égard des femmes désignent tous actes de violence dirigés contre le sexe féminin et causant ou pouvant causer aux femmes un préjudice ou des souffrances physiques, sexuelles ou psychologiques, y compris la menace de tels actes, la contrainte ou la privation arbitraire de liberté, que ce soit dans la vie publique ou dans la vie privée ».*

Ce phénomène regorge moult causes. D'entrée de jeu, la violence à l'égard des femmes traduit des rapports de force historiquement inégaux entre les hommes et les femmes, lesquels ont abouti à la domination et à la discrimination exercées par les premiers et freiné la promotion des secondes et qu'elle compte parmi les principaux mécanismes sociaux auxquels est due la subordination des femmes aux hommes. À cet effet, cette subordination donne lieu à des violences de tout acabit. Quoi qu'il en soit, les violences basées sur le genre est une question d'actualité et qui préoccupe au plus haut, presque tous les Etats du monde.

Dès lors, on se pose les questions suivantes : quelles sont les causes des VBG au Tchad ? Quelles sont les conséquences du phénomène dans la dynamique sociétale ? Quelles sont les stratégies à mettre sur pied pour lutter contre ce phénomène ? Partant de ces interrogations, il est nécessaire de présenter les causes des VBG (1), montrer les conséquences (2) et enfin, donner les techniques et les solutions (3) pour lutter contre ce phénomène au sein de la société tchadienne.

1. La diversité des facteurs des violences basées sur le genre au Tchad

La femme tchadienne est en premier lieu une éducatrice par excellence. Elle a la charge de former le cœur et l'intelligence de l'enfant. Elle lui inculque à cet effet l'idée du respect de la personne humaine et le respect de la vie, de l'autorité, l'amour filial, le courage et l'amour du travail bien fait (Jérémie GUIRAYO). Ainsi, parmi les facteurs, on peut relever, les poids des traditions (1.1), le manque d'instruction des femmes (1.2), la pauvreté (1.3) et la non-application des textes (1.4).

1.1. Le poids des traditions

La société Africaine est fondamentalement ancrée dans la tradition et la culture. Selon les mentalités traditionnelles, la femme a ses contributions et ses rôles qui sont préétablis et dont elle doit s'y soumettre. Elle n'a pas le droit de s'immiscer dans les prérogatives dévolues à l'homme.

Comme la plupart des pays d'Afrique, le Tchad est un pays de tradition orale renfermant plus de 110 groupes ethniques et donc autant de coutumes qui se transmettent de génération en génération. Ceci fait que les pratiques coutumières et traditionnelles sont mieux respectées que les lois écrites qualifiées par la majorité de la population de « *lois occidentales ou lois importées* ». Dans toutes les traditions tchadiennes, la femme a un statut inférieur à celui de l'homme. Ceci conduit *de facto* à considérer la femme comme un être dépendant, incapable et qui a besoin de la protection de l'homme en raison de sa fragilité (CEDEF).

Certains hommes n'acceptent pas qu'une femme puisse jouer certains rôles dans la société puisqu'ils considèrent celle-ci comme l'apanage des hommes. Pour eux, le rôle de la femme doit se limiter à la gestion du ménage pour éviter l'infidélité. Elle vit constamment sous le poids des traditions quelle que soit sa classe sociale et sa religion, elle est après tout et demeure « *Femme* » frappée de tabous et d'interdits sans motifs valables. Son éducation est marquée par des devoirs (une bonne femme doit faire ceci ou cela) et celle du garçon par des droits.

Les maux dont nous souffrons sont liés à certains aspects de la tradition. L'éducation de la fille est différente de celle du garçon. Très jeune, on lui dit : « *baisse la tête, ne regarde pas les hommes, ne mange pas devant eux, etc.* ». Cette culture est entrée dans les habitudes de la femme, il faut chercher à lui ôter ces habitudes qui la rabaissent. *(Selon la 1ère femme Député du Tchad-Tchad et Culture 204 – Février 2002)*. Dans la vie active, les femmes ont du mal à s'affirmer pour participer efficacement à la gestion, aux prises des décisions et même au partage des bénéfices car même les institutions de l'Etat sont à l'image de ce qui se vit dans les familles. La femme est toujours reléguée au second rang.

1.2. Manque d'instruction des femmes

L'absence d'instruction des femmes, sinon le faible taux d'instruction constitue l'une des causes de VBG. Cela s'explique par le fait que beaucoup plus dans les zones rurales ou la majorité des femmes sont analphabètes et ne connaissent pas leurs droits.

Vivant sous le poids des traditions, les femmes ont très peu accès à l'éducation formelle pouvant leur permettre l'accès à des informations et des opportunités favorables à leur épanouissement. Toutes ignorantes, elles acceptent et voient les actes de violence comme une situation normale.

1.3. La pauvreté

La majorité des personnes pauvres dans le monde est constituée des femmes. Cet état de chose, fait que les femmes démunies de tous moyens acceptent la violence en contrepartie de biens matériels. L'état de pauvreté au sein des familles fait que même les besoins les plus élémentaires ne sont pas satisfaits et lorsqu'il y a un besoin non satisfait quelque part c'est une source évidente de violence. C'est toujours la pauvreté qui pousse les familles à donner leurs filles en mariage au « plus offrant ».

1.4. Non application des textes

La plus part du temps, les femmes victimes de violence, par peur de représailles de leur violeur, préfèrent garder le silence que de porter plaintes. C'est le cas lors d'une violence conjugale, la victime refuse de porter plainte pour risque de représailles avec la belle famille. Ce manque de mise en œuvre adéquate des textes, s'explique par le laxisme des autorités, mais aussi par le manque de vulgarisation de ces textes. Le taux d'analphabétisme au Tchad étant considérable, il s'avère fondamental de mettre sur pied des programmes adaptés, pour expliquer et faire comprendre aux femmes leur droit et les renseigner sur les instruments juridiques qui protègent lesquels droits.

2. La diversité des répercussions des Violences Basées sur le Genre

Les violences basées sur le genre engendrent des retombées aussi bien psychologiques (2.1) que psychosociales (2.2).

2.1. Les répercussions psychologiques

La violence contre les femmes restreint à leur égard un des droits fondamentaux de la personne à savoir le droit à la sécurité. La violence menace la liberté de mouvement, d'expression, mine l'estime et la confiance en soi en plus de porter atteinte à la dignité humaine.

Elle entraine également la dépression, l'angoisse, des troubles comportementaux obsessionnels compulsifs, la faible estime de soi, des actes d'auto mutilation tel que le suicide et autres comportements entraînant des risques de tous genres constituent le lot quotidien des souffrances ressenties par les femmes victimes des violences.

2.2. Les répercussions psychosociales

Les conséquences psychosociales résultant des comportements violents tendent à se répéter d'une génération à une autre et les enfants témoins de violence au foyer sont plus susceptibles d'être malades, d'éprouver des difficultés sur le plan social et d'avoir un faible rendement scolaire. Ces adultes de demain voient leur avenir remis en cause et se jettent dans la délinquance (drogue, prostitution et vol).

Les violences à l'endroit des femmes confinent leur potentiel sous le boisseau du silence, ne les permettant guère de s'exprimer et de montrer leur savoir-faire et être, dans le processus de construction de la société idéale juste et développée. En outre, tous les rapports des grandes institutions et la 4ème Conférence Mondiale sur les femmes, organisée à Beijing en 1995 sur l'égalité des sexes, relèvent que le développement durable passe nécessairement par une meilleure qualité et condition de la vie pour toutes les personnes sans regard à leur sexe.

Même si certaines de nos traditions sont sources de violence ou constituent elles-mêmes une forme de violence à l'égard des femmes, ces coutumes et traditions sont perpétuées par des hommes et des femmes et il faut reconnaître que là où l'éducation formelle est avancée, les coutumes dégradantes disparaissent.

Témoignages

<u>Madame Y</u>

Prudence Dombeti, âgée de 36 ans et mère de 4 enfants, a été violée et assassinée à Abéché. Le corps a été retrouvé dévêtu le 10 janvier aux environs de 13 heures dans sa chambre. La victime se débrouillait au quotidien à travers des activités commerciales.

Le Tchad a ratifié la plupart des traités internationaux relatifs aux droits de l'homme, notamment la Déclaration universelle des droits de l'homme. Malgré cet arsenal juridique, on observe que, les violences à l'égard des femmes sont un phénomène qui se pose avec acuité dans nos sociétés. Le dernier cas en date est enregistré à Abéché. Selon les sources locales, la victime âgée de 36 ans et mère de 4 enfants, s'appelle Prudence Dombeti a été violée et assassinée. Son corps a été découvert dévêtu dans sa chambre. La piste d'un viol est envisagée dans un premier temps.

Nous avons appris hier le décès tragique de Mme Prudence Dombeti, survenu dans la ville d'Abéché dans des contextes non élucidés encore à l'instant. Joint au téléphone, le Gouverneur de la Province du Ouaddaï M. BACHAR Souleymane nous a rassuré de l'ouverture d'une enquête par ses services. Les premiers indices portent à croire qu'il s'agit d'un crime passionnel. Aucune raison ne l'explique et nous le condamnons fermement.

Madame Y 2

Jeudi 13 février 2020 Madame Y 2, 64 ans, une fidèle de la paroisse Sainte-Joséphine-Bakhita d'Atrone, dans le 7e arrondissement de N'Djamena, au Tchad, a été violée et assassinée alors qu'elle se rendait à la messe du matin. Un assassinat qui a suscité une vive émotion dans le pays.

L'opinion tchadienne ne décolère pas après le viol et l'assassinat, le 13 février, d'une fidèle catholique de 64 ans qui se rendait à la messe.

Le corps de Célestine Mopi a été retrouvé au petit matin. Les faits se seraient produits entre 5 heures et 6 h 30. La victime avait quitté son domicile à 5 heures pour se rendre à l'église de son quartier, la paroisse Sainte-Joséphine-Bakhita d'Atrone, dans le 7e arrondissement de N'Djamena où elle était très engagée quand elle a été sexuellement agressée puis tuée.

Lundi 17 janvier, ses meurtriers présumés ont été retrouvés. Il s'agit de Ludovic Nera et de son acolyte surnommé Kouspar, tous deux habitants du 7e arrondissement.

« Ce crime crapuleux et odieux a bouleversé toute la population et cela a créé également la stupeur, a confié le chef de la police nationale tchadienne, le commissaire Paul Manga. Ce choc n'a pas laissé la police nationale indifférente. C'est ainsi qu'elle a mené des investigations qui ont abouti à l'arrestation de Nera Ludovic qui est l'auteur principal du meurtre. C'est lui qui l'a violé et qui l'a aussitôt assassiné. »

Lundi 17 février, les obsèques Célestine Mopi ont été célébrées à la paroisse Sainte-Joséphine-Bakhita d'Atrone (La Croix Africa).

3. Les techniques de lutte contre les Violences Basées sur le Genre au Tchad

Pour lutter contre les VBG, il existe plusieurs stratégies pour en arriver à bout. La première des choses à faire c'est de faire prendre conscience aux femmes et aux hommes que la violence réduit la participation d'un grand nombre de personnes au processus de développement ;

Deuxièmement, il faut amener les femmes à accepter de se remettre en cause et ne plus considérer leur condition comme une fatalité ou un sort qui leur est réservé par Dieu ;

Amener les femmes à s'ouvrir et dénoncer les actes de violence dont elles sont victimes ;

Informer et sensibiliser les femmes sur leurs droits et devoirs ;

Amener les leaders religieux et traditionnels à analyser les causes et les conséquences de chaque phénomène perçu ou identifié comme violence et les convaincre à devenir des alliés dans la lutte contre les violences et enfin, renforcer les capacités de communication des femmes.

Si les femmes avaient la possibilité de contrôler les moyens de production, d'influencer les décisions en leur faveur, les choses changeront d'elles-mêmes d'où la nécessité de mettre l'accent sur l'approche genre afin de donner ou de renforcer les pouvoirs des femmes et leur permettre de participer activement aux programmes et au processus de développement au lieu d'en être des bénéficiaires passives.

CONCLUSION

En conclusion, l'on peut dire que de nos jours, la femme quelle que soit sa classe sociale, sa religion, son statut matrimonial, son niveau d'instruction, son ethnie ou sa région, subit de violence du fait de son sexe. Les violences faites aux femmes bafouent gravement les droits humains fondamentaux et représentent une perte immense pour la société tchadienne. Certaines de nos traditions sont sources de violence ou constituent elles-mêmes une forme de violence à l'égard des femmes, ces coutumes et traditions sont perpétuées par des hommes et des femmes et il faut reconnaître que là où l'éducation formelle est avancée, les coutumes dégradantes disparaissent. Des nombreuses conséquences résultant sur la victime et la société.

Références bibliographiques

Articles :

Michèle Dayras : Femmes et violences dans le monde – 1995 ;

GUIRAYO J., MANDIBAYE S., le rôle de la femme dans la gestion de la cité. AFLASH. 2020.

Rapports :

Amnesty International : Les femmes aussi – 1991 Conaciaf / AFJT : Violences faite aux femmes dans la ville de N'Djaména – Juin 1998 ;

Unicef Tchad : Etude comparative sur les textes nationaux, les lois coutumières et la CEDEF ;

FUNUAP – Tchad   : Etude sur la condition juridique et socio-culturelle de la femme ;

Agence Canadienne de Développement International : La violence faite aux femmes et aux filles ;

INADES–Formation Tchad : Les femmes rurales et le Développement 2001 ;

Support du cours :

Banyara Yoyana   : Cours de Droit Coutumier Tchadien – Université de N'Djaména 1990 – 1991.

B. Des études de cas spécifiques
Les violences conjugales faites à l'égard des femmes au Tchad

MAHAMAT ALI MAHAMAT
(Master en droit public et diplômé en droits de l'homme)
Chercheur au CEDPE

Résumé

Les violences conjugales touchent tous les milieux sociaux et toutes les cultures. Un conjoint ayant des comportements violents peut abuser de sa victime en lui causant un préjudice ou souffrances physiques, psychologiques ou économiques. Ces violences constituent une atteinte aux droits fondamentaux de la femme. L'insuffisance de l'arsenal juridique de protection au Tchad et le climat d'impunité font que les auteurs de violences ne sont jamais poursuivis.

Mots-clés : **Violence-conjugale-femme.**

Introduction

L'écrivain et dramaturge français Jean ANOUILH déclarait qu' *« on ne doit jamais battre une femme, même avec une fleur »*[2]. Malheureusement, si cette citation est connue de tout le monde, elle ne semble pas refléter la pensée de tous et notamment *des hommes.*

La violence à l'égard des femmes est un phénomène universel, car elle existe dans les tous les pays, sous toutes les latitudes, dans toutes les communautés, dans toutes les villes et dans les villages. C'est donc un phénomène réel dont beaucoup de femmes subissent *réellement* les conséquences.

Les violences conjugales, contrairement aux disputes conjugales se réfèrent à un processus au cours duquel le plus souvent, un homme utilise la force ou la contrainte pour perpétuer et/ou promouvoir des relations hiérarchisées et de domination dans le cadre du mariage[3].

---

[2] http://femmesbattues.blogspot.com/2009/04/citations.html, cité par MARLET Julie, Les violences Conjugales, Master 2 Justice et Médiation, 2014, p.12.
[3] Ibid.

La femme au sein de son ménage est parfois sujette à de multiples violences soit de la part de son conjoint, soit de la part de sa belle-famille[4].

En effet, ces violences subies par les femmes au sein de leur ménage découlent des comportements culturels et traditionnels, renforcés par les pressions sociales et le manque d'information. Les violations des droits de femmes perdurent et ceci fait que la femme a du mal à s'affirmer et à atteindre un haut niveau de vie managériale favorable à son développement économique et social[5].

Pour la plupart des sociétés, le respect des droits des femmes, n'a pas toujours été une question prioritaire. La femme a été toujours considérée naturellement comme inférieure à l'homme. Comme c'est le cas dans une pièce de théâtre de Molière où il affirmait « *votre sexe n'est là que pour la dépendance. Du côté de la barbe est la toute puissance. Bien qu'on soit deux moitiés, pourtant n'est point d'égalité : l'une est moitié suprême et l'autre est subalterne ; l'une en tout est soumise et l'autre qui gouverne* »[6].

---

[4] Marième Sy NDEY, Les organismes féminins contre les violences conjugales subies par les femmes à Dakar, Institut Mariste d'Enseignement Supérieur, Faculté de Droit, 2011, p.33.

[5] Ibid.

[6] Molière (de son vrai nom Jean Baptiste Poquelin), L'Ecole de femmes, acte III, scène 2, Etude littéraire, p.36, cité par Didegomi Dar

Il en est ainsi au Tchad où, faute de statistique fiable et de plaintes limitées, il est très difficile de déterminer avec exactitude l'ampleur réelle de ce phénomène (peu de représailles, stigmatisation...). **Comment se manifestent alors les violences conjugales ? Quels sont les facteurs qui contribuent à répandre et à perpétuer ces violences ?** Répondre à ces questions revient tout d'abord à décrire la réalité de ce phénomène (1), mais aussi ses implications sur la question des droits des femmes (2).

1. La réalité de la violence conjugale

La violence conjugale est un phénomène réel, dont beaucoup de femmes subissent directement les conséquences. Il est alors important de clarifier le terme (1.1), avant de dégager les différentes formes de violences conjugales (1.2).

1.1. La définition du terme violence conjugale

La violence conjugale se définit comme étant la violence entre un homme et une femme unis par les liens du mariage. C'est donc la violence exercée par un des conjoints sur l'autre au sein d'un couple,

---

« la protection juridique de la femme en droit tchadien : entre réalité et incertitude», *International Multilingual journal of science and tchnology, vol.6, issue 7, july 2021, p.9.*

s'inscrivant dans un rapport de domination et se distingue des disputes entre individus égaux[7].

La violence conjugale est une forme de violence domestique ou violence familiale. Il peut s'agir d'un phénomène circonstanciel (violence situationnelle), mais aussi parfois d'un processus systémique et évolutif[8].

Ayant souvent lieu dans l'espace privé, elle n'est pas toujours repérée. De ce fait, certains chercheurs estiment que le « *huis clos conjugal* » peut se révéler un « *un haut lieu de violences* »[9].

Selon la Convention des Nations Unies sur l'Elimination de toutes les formes de discrimination à l'égard des femmes (CEDEF)[10] « *le terme violence à l'égard des femmes désigne tous actes de violence dirigés contre le sexe féminin, et causant ou pouvant causer aux femmes un préjudice ou des souffrances*

---

[7] Violences conjugales, fr.m.wikipédia.org, consulté le 20 février 2023.
[8] Ibid.
[9] Ibid.
[10] L'ONU instaure une journée internationale consacrée aux violences faites aux femmes en 1990, 20 ans après l'établissement de la Convention pour l'élimination de toutes les formes de discrimination à l'égard des femmes. En 2007, 179 pays ont rejoint la Convention, mais seuls 89 ont promulgué des lois interdisant expressément la violence familiale, et seuls 90 ont mis en place une législation contre le harcèlement sexuel.

physiques, sexuelles ou psychologiques, y compris la menace de tels actes, la contrainte ou la privation arbitraire de liberté, que ce soit dans la vie publique ou dans la vie privée ».

Le terme reprend donc un grand nombre de violences telles que :

- Les violences subies dans le cadre familial : les violences conjugales, y compris le viol, les violences sexuelles infligées par des membres de la famille, la violence liée à la pratique de la dot, les mutilations génitales féminines (MGF)... ;
- Les violences liées au milieu social : violences et harcèlement sexuel sur le lieu de travail, injures sexistes dans l'espace public, prostitution... ;
- Les violences imputées à l'Etat : actes de violence commis ou tolérés par des agents de police militaire ou service de l'immigration, les viols commis par les forces gouvernementales au cours des conflits armés, les tortures en détention[11]...

Le Protocole à la Charte africaine des droits de l'homme et des peuples (la Charte est adoptée en 1981 et entrée en vigueur le 21 octobre 1986) relatif aux

---

[11] Amnesty international, Egalité homme-femme, consulté le 25 février 2023.

droits des femmes, adopté le 11 juillet 2003 à Maputo définit dans son article 1 (K), **la violence à l'égard des femmes comme** « *tous actes perpétrés contre les femmes causant ou pouvant causer aux femmes un préjudice ou des souffrances physiques, sexuelles, psychologiques ou économiques, y compris la menace d'entreprendre de tels actes, l'imposition de restrictions ou la privation arbitraire des libertés fondamentales, que ce soit dans la vie privée ou dans la vie publique, en temps de paix, et situation de conflit ou de guerre* ».

1.2- Les différentes formes de violences conjugales

Les violences conjugales touchent tous les milieux sociaux et toutes les cultures. Celles-ci peuvent prendre plusieurs formes. Un conjoint ayant des comportements violents peut abuser de sa victime en lui causant un préjudice ou souffrances physiques, psychologiques ou économiques.

- **Les violences psychologiques** : lors des agressions psychologiques, l'agresseur réduit la confiance personnelle de sa victime en lui proférant des messages négatifs sur elle-même et c'est dans l'unique but de bloquer ses capacités à revendiquer des droits personnels et à agir pour les défendre[12].

-   **Les violences verbales** : en suite, une fois que les violences psychologiques faites, vient le temps où les violences verbales s'installent. Ces violences peuvent alors prendre les formes variées en fonction de la personnalité de l'auteur[13]. Les violences verbales se traduisent par : les insultes, les injures, les cris, les éclats de voix, les paroles déshonorantes, dévalorisantes, vexantes, les dénigrements...[14] ayant comme seul but de créer une tension chez l'autre et de maintenir un état de peur et d'insécurité. Des femmes « *ont rapporté que des paroles violentes et offensantes leur sont adressées quand elles se trouvent dans l'impossibilité d'entretenir des relations sexuelles avec leur mari, pour cause de maladie, en général ou dans l'impossibilité de procréer* »[15]. Il faut noter que les femmes sont beaucoup plus atteintes et blessées par *les violences verbales caractérisées par leur invisibilité.*
-   **Les violences physiques** : une fois le stade de violences verbales, viennent les agressions physiques, dont le but est d'effacer toute résistance et d'affirmer

---

[12] Guide pratique destiné aux professionnels du département d'Aines- prévenir, détecter et prendre en charge la violence conjugale, Edition mars 2020, p.46.

[13] Ibid.

[14] Marième Sy NDEY, Les organismes féminins contre les violences conjugales subies par les femmes à Dakar, Op cit, p.17.

[15] Ibid.

de force le contrôle[16]. Une fois de plus, ce processus n'est pas sans conséquence, puisque suite « *à ces agressions un rapport de dominant-dominé va se créer, de même qu'une possession marquée* ». Les formes de cette agression « *s'amplifient avec le temps et peuvent atteindre le stade terminal de l'escalade de la violence qui est l'homicide* ».

Le code pénal tchadien adopté en 2017 définit les violences physiques en son article 307 comme « *des atteintes à l'intégrité physique d'une personne* ». Les violences physiques se manifestent par des coups et blessures volontaires, des mutilations, des tortures, des traitements inhumains et dégradants, des assassinats et meurtres... Les cas des assassinats des épouses par des maris violents sont légion. L'exemple de la Dame Yanyam qui avait été battue à mort par son mari au quartier Farcha Djougoulié est illustratif[17]. Cette femme a été violemment battue par son mari le lundi 17 février 2020. Dans un état grave, elle a été évacuée d'urgence à l'Hôpital Général de Référence National (HGRN) de N'Djamena, où elle a rendu l'âme le mardi 18 février. Dans le même quartier, « *une femme qui vient d'accoucher à peine un mois* » a été gravement blessée par son mari avec une machette[18].

---

[16] Ibid.

[17] Tchadinfos.com : Battue par son mari, une femme perd la vie, 20 février 2020.

[18] Alwihdainfo, 05 aout 2017.

Grièvement atteinte, celle-ci a été admise aux urgences le même jour dans la matinée du mardi et son mari arrêté par la police. Selon les témoignages « *le mari avait déjà grièvement blessé la femme à la main avec un couteau déformant ainsi son bras, mais ils se sont réconciliés, et cette fois ci c'est plus grave qu'avant parce qu'il l'a découpé avec la machette et ça allait être sa mort, mais heureusement elle a été évacuée à l'hôpital* »[19].

- **Les violences économiques** : selon le lexique des termes juridiques, les violences économiques « *sont le fait de délaisser une personne, un bien ou une activité au mépris d'un devoir* »[20] . Par exemple, il peut s'agir « *d'abandon de foyer, le refus de payer la pension alimentaire en cas de divorce, la non prise en charge du foyer, le fait d'entraver l'activité économique de la femme…* ». Elles sont parmi les plus fréquentes. En effet, nombre de femmes ne dénoncent pas les violences dont elles sont victimes, « *juste pour ne pas perdre les avantages économiques qu'elles tirent du mariage* »[21]. En général, ces violences s'exercent sur des femmes qui n'ont aucune activité génératrice de

---

[19] Alwihdainfo, 05 aout 2017.

[20] GUILLIEN (R.) et GUINCHARD (S.) Lexique des termes juridiques, Paris, Dalloz, 16 éd, 2007, p.700.

[21] Marième Sy NDEY, Les organismes féminins contre les violences conjugales subies par les femmes à Dakar, Op cit, p.24.

revenue ou qui viennent des familles démunies. Elles sont à la charge totale de mari. Ainsi, dépendant économiquement du mari, elles sont dans l'incapacité de dénoncer les violences dont elles sont victimes, de peur de se retrouver à la rue avec leurs enfants.

Dans un milieu où, l'ascendance de l'homme sur la femme est tolérée, il y'aura toujours une atteinte à ses droits fondamentaux.

2. Les violences conjugales : une violation manifeste des droits des femmes

Les violences faites aux femmes en général, et celles conjugales en particulier constituent une violation des droits de celles-ci. Ces violations traduisent des rapports de pouvoir qui freinent le développement de la femme sur tous les plans. Les femmes subissent ces violations du fait d'un manque d'une protection adéquate par la loi (2.1) et de l'impunité quasi systématique dont jouissent les auteurs de ces violences (2.2).

2.1- Le manque d'une protection adéquate par la loi

La situation des droits de l'homme reste toujours précaire dans le monde. **Plusieurs violations des droits de l'homme, comme les violences subies par les femmes au sein des ménages sont des facto autant d'atteinte aux droits fondamentaux des femmes.**

Le Tchad s'est engagé en faveur de l'égalité entre les femmes et les hommes en souscrivant aux engagements au niveau régional[22] et international, notamment la Convention sur l'élimination de toutes les formes de discrimination à l'égard des femmes (*Convention on the Elimination of All Forms of Discrimination Against* Women, CEDAW)[23].

En effet, la Convention sur l'élimination de toutes les formes de discrimination à l'égard des femmes (CEDEF), adoptée et ouverte à la signature, à la ratification et à l'adhésion par l'Assemblée Générale des Nations Unies, dans sa résolution 34/18 du 18 décembre 1979 affirme que « *la violence à l'égard des femmes constitue une violation des droits de la personne humaine et des libertés fondamentales et empêche partiellement ou totalement les femmes de jouir des droits et libertés* ». Les pratiques discriminantes et violentes à l'égard des femmes doivent disparaitre quelles que soient leurs origines, y compris celles qui seraient fondées sur les cultures.

La Constitution tchadienne de 31 mars 1996 dans son chapitre intitulé « *Des droits et liberté fondamentales* »,

---

[22] La Conférence des chefs d'Etat et de gouvernement a décidé de l'élaboration d'un Protocole à la Charte africaine des droits de l'homme et des Peuples relatif aux droits des femmes en 1995, lors de sa 31ᵉ session ordinaire à Addis- Abeba, en Éthiopie.
[23] Le Tchad a ratifié cette Convention en 1995.

traite des droits et libertés garanties au Tchad sans discrimination aucune. Les **articles 13 et 14** consacrent *l'égalité et font obligation à l'Etat de veiller à l'élimination de toutes les formes de discrimination à l'égard des femmes.* **Tandis que l'article 17 consacre l'intégrité physique comme un droit inaliénable.** Le processus de renforcement du cadre juridique national entamé depuis plus d'une décennie traduit une progression en faveur de la protection des groupes vulnérables en général et des filles/femmes en particulier. Le véritable problème relatif au respect des droits des femmes et des filles au Tchad est la non-application des textes juridiques, des blocages au niveau de la ratification de certains instruments juridiques internationaux ou régionaux, des obstacles liés à la vulgarisation des textes et/ou leur diffusion.

En outre, selon **Madame Larlem Marie,** par ailleurs Présidente de l'Association pour la Promotion de Libertés Fondamentales au Tchad (APLFT), affirmait qu'il y a un « *vide juridique en matière de violences conjugales* » et « *les juristes essaient d'utiliser le texte du Code pénal déjà existant comme celui relatif aux coups et blessures, mais cela est insuffisant* ».

De plus, le Code pénal ne punit ni l'inceste, ni le viol conjugal ou le harcèlement sexuel et « *les affaires sont souvent réglées dans le contexte familial ou par des autorités traditionnelles sans l'intervention de la justice »*[24]. Concernant le viol, la loi ne prévoit aucune sanction pénale.

Ce vide juridique et le climat d'impunité qui prévaut font que les auteurs de violences ne sont jamais poursuivis.

2.2- Impunité et absence de sanction dissuasive

L'impunité, c'est-à-dire l'absence de sanction pour les actes dont sont victimes les femmes contribue à créer un climat dans lequel, ces actes sont considérés comme normaux et acceptables, plutôt que criminels[25]. Un climat qui fait que les femmes ne cherchent plus à établir justice, car elles savent qu'elles n'y parviendront pas, et ceci prolonge et aggrave les douleurs et souffrances initialement provoquées par les actes[26].

De l'avis de **Madame Kemneloum Delphine Djiraibe**, Coordinatrice nationale du Comité de suivi de l'Appel à la Paix et à la Réconciliation Nationale, c'est *« l'impunité qui fait le lit des violences »*. **Madame Larlem Marie** ajoute que le climat d'impunité qui

---

[24] L'Afrique pour les droits de femmes, ratifier et respecter, cahier des exigences, p.121.
[25] Marième Sy NDEY, Les organismes féminins contre les violences conjugales subies par les femmes à Dakar, Op cit, p.33.
[26] Ibid.

prévaut fait que « les auteurs de violences ne sont jamais poursuivis ». *« Récemment, un homme qui voulait s'attaquer à sa femme lui dit qu'il pouvait la tuer, parce que de toute façon, il ne lui arrivera rien : il a cité le cas d'un mari qui a tué sa femme mais n'avait pas été inquiété »* a poursuivi la Présidente de l'APLFT.

Les conséquences des violences subies par les femmes dépassent de loin les dommages corporels, immédiats infligés à la victime. Les atteintes psychologiques et la menace de futures violences détruisent l'image que la femme avait d'elle-même et souvent l'empêche d'ester en justice contre l'auteur de ces sévices[27].

Les femmes renoncent souvent à porter plainte, terrorisées à l'idée de faire l'objet de représailles, car *« même si elles décident de réclamer justice, elles n'ont aucun lieu où se réfugier pour échapper à leurs agresseurs, puisqu'il n'existe pas de structure d'accueil pour les femmes victimes de violences, notamment domestiques »[28].*

C'est un vrai blocage déclarait toujours **Madame Kemneloum Delphine Djiraibe** *« parce que même si les femmes obtiennent une assistance judiciaire, elles ne*

---

[27] Marième Sy NDEY, Les organismes féminins contre les violences conjugales subies par les femmes à Dakar, Op cit, p.39.
[28] Tchad, « Agir contre les violences faites aux femmes, mais avec quelles armes ? » 9 février 2012.

savent pas où aller se mettre », et « *il y a une résistance de l'opinion qui pense qu'en créant des structures, on encourage les femmes à quitter leur foyer. Donc, il n'y a pas d'alternative au foyer conjugal, si elles portent plainte, elles vont se retrouver dans la rue ».* **L'unité familiale prévaut souvent au détriment des droits des femmes.**

Conclusion

Il est certes vrai que de nos jours, il y a une forte prévalence de toutes les formes de violences faites à la femme, profondément ancrée dans les différentes cultures qui la considèrent plutôt comme un « bien » et non pas comme un être humain ayant des droits reconnus tant au niveau national, qu'international. Les femmes sont tenues de se cantonner à un rôle d'épouse et de mère, et il est attendu qu'elles se soumettent à l'autorité masculine. La violence est fréquemment utilisée pour assurer le maintien de cet ordre.

L'insuffisance de l'arsenal juridique de protection au Tchad et le climat d'impunité font que les auteurs de violences ne sont jamais poursuivis.

Il est donc important de :

- D'initier et faire voter des lois spécifiques en matière de violences faites aux femmes et celles conjugales en particulier ;

- Mettre en place une cellule de lutte contre les violences conjugales dans tous les commissariats de police à N'Djamena et dans les provinces ;
- Impliquer les artistes et la société civile dans la prévention de violences conjugales.

Références bibliographiques

- **Alwihdainfo,** 05 aout 2017.
- **Amnesty international**, Egalité homme-femme, consulté le 25 février 2023.
- **Didegomi Dar** « la protection juridique de la femme en droit tchadien : entre réalité et incertitude », *International Multilingual journal of science and tchnology, vol.6, issue 7, july 2021, p.9.*
- **Guide pratique** destiné aux professionnels du département d'Aines- prévenir, détecter et prendre en charge la violence conjugale, Edition mars 2020, p.46
- **L'Afrique pour les droits de femmes**, ratifier et respecter, cahier des exigences, p.121
- **Marième Sy NDEY**, *Les organismes féminins contre les violences conjugales subies par les femmes à Dakar*, Institut Mariste d'Enseignement Supérieur, Faculté de Droit, 2011, p.33.
- **MARLET Julie**, *Les violences Conjugales,* Master 2 Justice et Médiation, 2014, p.12.
- **Serge Guinchard et Thierry Débarde**, Lexique des termes juridiques, 17 e Edition, 2014.
- **Tchad,** « Agir contre les violences faites aux femmes, mais avec quelles armes ? » **9 février 2012.**
- **Tchadinfos.com** : Battue par son mari, une femme perd la vie, 20 février 2020.
- **Violences conjugales**, fr.m.wikipédia.org, consulté le 20 février 2023.

C. Le harcèlement sexuel à l'égard des femmes.

Makaila Samba (juriste)
Chercheur associé au CEDPE

Résumé

Cet article traite de la problématique du harcèlement sexuel à l'égard des femmes qui est de plus en plus présent dans notre société actuelle. La présente étude met un accent singulier sur la problématique de la violence basée sur le genre Elle met en exergue les différentes causes du phénomène, sans oublier les conséquences y afférentes. Néanmoins, nous montrons à travers ce texte que le harcèlement sexuel est une des formes des violences de destruction de la personne, qui s'apparente à diverse effets. Les luttes contre les violences à l'égard des femmes ne sont-elles pas occultées. A cet égard, les techniques sinon, les pistes de solution devant permettre à l'amélioration de la lutte contre les violences à l'endroit des femmes constituent la trame essentielle de la présente analyse.

Mots-clés : Harcèlement, violence, femme.

Introduction

Dans toute société moderne en pleine évolution, les femmes subissent le harcèlement sexuel comme des phénomènes sociaux qui étouffent leur voix et compromet leur capacité à agir et à prendre pleinement part au développement social, économique et politique de leurs pays. Le harcèlement sexuel est un phénomène de plus en plus présent dans notre société actuelle. Par harcèlement sexuel, on entend toute forme de comportement non désiré, verbal, non-verbal ou physique, à caractère sexuel ou sexiste, imposé à une personne et qui porte atteinte à sa dignité, en particulier lorsque ce comportement crée un environnement intimidant, hostile, dégradant, humiliant ou offensant. C'est un phénomène très répandu dans de nombreux contextes et sur plusieurs sphères : dans le milieu du travail, associatif, sportif, à l'école, au sein d'un couple. Selon la Loi n° 06 portant sur la santé de reproduction du 15 avril 2002 en son article 9 alinéas 2 déclare que *« toutes les formes de violences telles que les mutilations génitales féminines, les mariages précoces, les violences domestiques et sévices sexuels sur la personne humaine sont interdites »*. Ces actes nuisent à la santé physique ou mentale de la victime. Cela dit, le harcèlement sexuel entant qu'ensemble de gestes, d'attitudes et de paroles ayant une connotation sexuelle et étant susceptible de porter atteinte à la dignité et à l'intégrité, morale et/ou physique, d'une personne a également des effets néfastes sur le bien être mental ainsi que l'épanouissement économique, social et politique des femmes.

Dès lors, le harcèlement sexuel dont il est question dans cette étude est donc l'un des formes de violence le plus en vogue ces dernières années. On se pose les questions suivantes : quelles sont les causes du harcèlement sexuel à l'égard des femmes ? Quelles sont les conséquences du phénomène dans la dynamique sociétale ? Quelles sont les stratégies à mettre sur pied pour lutter contre ce phénomène ? Partant de ces interrogations, nous allons présenter dans un premier temps les causes du harcèlement sexuel à l'égard des femmes, dans un second temps, nous montrerons les impacts et dans un troisième temps, donner les pistes des solutions pour lutter contre ce phénomène au sein de la société tchadienne.

1. Généralité sur le harcèlement sexuel et ses différentes formes

1.1. Notion sur le harcèlement sexuel

Le harcèlement sexuel est une pratique courante dans nos sociétés et il en existe dans plusieurs domaines de la vie. C'est une pratique qui impliquent plusieurs (harceleur, harcelé, complice, etc.) acteurs afin d'obtenir des avantages de nature sexuelle auprès des filles ou femmes de leurs environnements.

Le harcèlement est « l'action de harceler ». Harcèlement sexuel : le fait d'abuser de l'autorité que confère une fonction pour tenter d'obtenir une faveur sexuelle de quelqu'un par contrainte, par ordre ou par pression. Le harcèlement sexuel est l'un des aspects de violences faites aux femmes (dictionnaire Larousse illustré de 2013).

Le harcèlement sexuel est un ensemble de gestes, d'attitudes et de paroles ayant une connotation sexuelle et étant susceptible de porter atteinte à la dignité et à l'intégrité, morale et/ou physique, d'une personne, devenant alors victime.

Le harcèlement, c'est « la situation dans laquelle un comportement non désiré lié au sexe d'une personne survient avec pour objet ou pour effet de porter atteinte à la dignité d'une personne et de créer un environnement intimidant, hostile, dégradant, humiliant ou offensant » (Convention du Conseil de l'Europe sur la prévention et la lutte contre la violence à l'égard des femmes et la violence domestique l'Union, 2002/73/CE16)

Une situation de harcèlement sexuel comprend (au moins) un auteur et une victime. Cela concerne tant le sexe féminin que le sexe masculin. Cependant, dans la majorité des cas, la victime est une femme et l'agresseur, un homme.

En d'autres termes, le harcèlement sexuel se caractérise par une situation où une personne, généralement un homme, a des propos ou des pratiques à caractère sexuel envers une autre personne non consentante, souvent une femme. L'agresseur est souvent un individu désirant affirmer son pouvoir de domination.

1.1.1. Les différentes formes de harcèlement

Le harcèlement est une violence répétée, continue, sur une longue période, par une personne ou un groupe de personnes à l'égard d'une autre. Les attaques peuvent être verbales, non verbales ou physiques. Notamment :

> **Le harcèlement scolaire**

C'est le type de harcèlement le plus répandu, ou du moins dont on parle le plus depuis quelques années, car on a enfin reconnu qu'il ne s'agissait pas que de jeux d'enfants. Le harcèlement scolaire consiste en tout type de maltraitance ou agression psychologique, verbale ou physique menée à bien au sein de l'école, mais pas forcément dans les salles de classe. Pour être considéré comme harcèlement scolaire, on suppose que les deux parties doivent partager le même espace scolaire, même si le harcèlement peut s'étendre à d'autres domaines.

Ce type de maltraitance scolaire se distingue car le harceleur intimide la victime de façon réitérée, impliquant un abus de pouvoir, et ce, que le harcèlement soit mené par une seule personne ou par un groupe (bien que la force soit parfois uniquement perçue par la victime). Les conséquences de cette maltraitance peuvent être physiques et psychologiques, telles que :

- Phobie scolaire
- Anxiété, nervosisme
- Dépression
- Isolement
- Suicide.

Contrairement aux idées reçues, le harcèlement scolaire n'a pas d'origine. L'enfant qui en souffre est perçu différemment des autres, mais rien ne le prédispose à cela.

> **Le harcèlement psychologique ou harcèlement moral**

Il consiste en des conduites abusives portant atteinte à la dignité et à l'intégrité morale de la personne, dans le but de la déséquilibrer psychologiquement. Dans la plupart des occasions, les comportements peuvent être si subtils que la victime elle-même ne s'en rend pas compte. Le harceleur exerce une influence négative sur la victime par le mensonge, des paroles diffamatoires, ainsi que par une déformation de la réalité.

À ses débuts, le harcèlement fait naître un sentiment d'instabilité chez la victime, qui finit par perdre confiance en elle et en les autres, générant une sensation d'impuissance et d'anxiété qui peut dériver en dépression ou suicide. Le harcèlement moral peut avoir lieu dans tous les domaines : dans le milieu professionnel, scolaire, en couple ou dans tout type de relation.

> ➤ **Le harcèlement sexuel**

Il s'agit de tous les comportements intimidants ou de contrainte de nature sexuelle. Ces agressions peuvent être physiques, verbales ou non-verbales:

- Actes de violence physique, touchers ou rapprochements non consentis

- Commentaires ou appels sur l'aspect physique ou la vie privée de la personne, drague et compliments supposés

- Gestes de nature sexuelle, sifflements.

Tous ces comportements peuvent se développer à un certain degré, depuis des comportements peu gênants pour la personne harcelée jusqu'à des abus graves pouvant dériver en une possible agression sexuelle.

> ➤ **Le harcèlement physique**

Il s'agit de poursuivre de façon constante et invasive la victime pour établir un contact avec elle contre sa volonté. Ce type de harcèlement trouve son origine dans une obsession que le harceleur développe envers l'autre personne, avec des comportements tels que :

- Espionner la victime

- La poursuivre

- L'appeler et/ou essayer d'entrer en contact avec elle de manière intrusive

- La menacer

- Comportements violents envers la personne harcelée.

> ➤ **Harcèlement professionnel**

C'est une forme de maltraitance qui se crée au sein de l'environnement de travail. Ce harcèlement, qui peut être mené à bien par une ou plusieurs personnes, se fait surtout au niveau psychologique : menaces, moqueries, fausses rumeurs, isolement de la victime du reste du groupe. Le harcèlement peut aussi virer en comportements violents, devenant ainsi un cas de harcèlement avec agression.

L'environnement professionnel devient une source de stress pour la victime : si ce stress devient chronique, il peut évoluer en trouble de stress post-traumatique. Si vous en souffrez, rapprochez-vous d'un professionnel spécialisé en harcèlement du travail pour vous aider.

> **Le cyber-harcèlement**

Bien qu'il soit aussi connu sous le nom de harcèlement virtuel, il est tout à fait réel. C'est le plus contemporain de tous les types de harcèlement : ici, le harceleur ou le groupe de harceleurs se sert des moyens de communication digitaux ou des réseaux sociaux pour perpétrer une série d'offensives personnelles :

- Propagation de fausses rumeurs

- Raids sur les réseaux publics de la personne (insultes en masse)

- Envoi de messages privés aux contacts de la personne

- "Revenge porn" : diffusion d'images à caractère intime de la personne sans son consentement

- Création de faux profils usurpant l'identité de la personne pour la dénigrer.

La motivation principale d'un cyber-harceleur est de causer du mal-être et de l'angoisse psychologique et émotionnelle chez la victime.

> **Le harcèlement verbal**

On parle de harcèlement verbal lorsqu'on identifie dans une interaction des plaisanteries, remarques et insultes portant sur le sexe, le genre et/ou l'orientation affective et sexuelle ; des propos ou plaisanteries à connotation sexuelle, propositions explicitement sexuelles, ambigües ou embarrassantes ; des regards insistants, obscènes, sifflements ; l'envoi de contenu gênant ou à caractère pornographique non consenti par la personne.

> **Le harcèlement physique**

Il s'agit de poursuivre de façon constante et invasive pour affirmer des :

> Promesses d'avantages en échange d'actes sexuels, menaces ou pressions ;
> Contacts physiques non souhaités ;
> Attouchements sexuels (attouchements, caresses, baisers imposés) ;
> Contraintes sexuelles, tentative de viol ou viol.
> **Le harcèlement non verbal**

79

Le harcèlement sexuel peut durer sur une courte ou longue période, les actes peuvent être uniques ou se répéter et être le fait d'un groupe ou d'une seule personne, femme ou homme. Certains de ces actes sont punissables pénalement.

2. Les causes du harcèlement sexuel

Croyances, traditions et culture patriarcale dans toutes les cultures les hommes pensent trop souvent qu'ils peuvent disposer du corps des femmes comme ils l'entendent.

Tabous

Même si le harcèlement est une violation des droits des filles et des femmes, ces dernières sont souvent vues comme coupables. On considère que c'est de leur faute si elles se font importuner et agresser à cause de leur comportement ou tenue jugés provoquants. De peur de ne pas être écoutées ou d'être rejetées par leur famille, elles préfèrent ne pas dénoncer leurs agresseurs et n'osent pas briser le silence ce qui plonge le monde dans un cercle vicieux.

Pas de sanction pénale pour les harceleurs quand elles s'expriment et portent plaintes, les filles ne sont pas écoutées. Les plaintes déposées n'aboutissent presque jamais à des sanctions judiciaires.

Inégalités de genre

Le harcèlement sexuel est une des nombreuses inégalités et discriminations que subissent les filles à travers le monde. Le manque d'informations sur le phénomène ainsi que le manque de sensibilisation des garçons aux droits des filles et à l'éducation sexuelle continuent d'alimenter ces formes violences.

3. Les conséquences du harcèlement sexuel

Subir une situation de harcèlement sexuel a toujours des conséquences, à court terme mais aussi à moyen et long termes. On peut distinguer entre autre dans plusieurs domaines :

3.1. Conséquences physiques

Le harcèlement sexuel est lourd de conséquences psychologiques pour les victimes, y compris plusieurs années après que celui-ci ait cessé. Cela peut se traduire de différentes manières, comme l'insomnie, des troubles de la concentration, la peur d'être seule dans une pièce avec une autre personne, la dépression, etc. Dans un premier temps sentiment d'épuisement et de fatigue chronique, baisse de l'estime de soi, sentiment de culpabilité et de honte pouvant évoluer vers une dépression.

À moyen terme : Possible apparition d'une névrose traumatique : retour en boucle de scènes traumatisantes ou humiliantes, angoisse avec manifestations physiques, terreur à l'idée d'aller au travail, cauchemars, insomnies, troubles de la mémoire ou de l'attention, sentiment de culpabilité et de honte, position défensive de justification...

À plus long terme : Éventuelles atteintes profondes de la personnalité : bouffées délirantes, dépression grave, paranoïa, désorganisation psychosomatique, conduites addictives, tendances suicidaires pouvant aller jusqu'au suicide.

Le traumatisme physique, fatigue, douleurs, troubles du sommeil, troubles de l'appétit et de la digestion, dysfonctionnements hormonaux, hyper-tension artérielle, marques corporelles, etc.

3.2. Des conséquences psychologiques

Le stress, anxiété, repli sur soi, isolement, dépression, idées suicidaires, sentiments d'impuissance, d'insécurité, de honte, de culpabilité, de dévalorisation, etc.

Des conséquences comportementales : consommation de substances (tabac, alcool, médicaments, etc.).

Le harcèlement sexuel peut aussi générer des troubles physiques importants : maux de ventre, santé fragile, infections...

Enfin, les victimes peuvent développer des addictions à différentes substances (alcool, psychotropes...).

3.3. Conséquences psychosociales

La honte, la timidité, la perte de confiance, l'injustice, la culpabilité, le repli sur soi, le chômage, la pauvreté, l'antipathie pour les hommes, l'antipathie pour les femmes (la misogynie), le mariage précoce et ou forcé, la débauche, la violence, l'agressivité, l'adultère, le divorce.

3.4. Conséquence sur les relations sociales

Le harcèlement sexuel a également des conséquences sur les relations sociales des victimes. En premier lieu, il affecte la capacité des victimes à faire confiance à leur entourage et peut conduire à un repli sur soi. Certains troubles psychologiques consécutifs au harcèlement sexuel (comme la dépression) les isolent également. Les victimes sont souvent amenées à changer de lieu d'études ou de travail pour se protéger des agissements de l'agresseur, ce qui les isole de leurs relations avec leurs pairs. Enfin, celles qui ont dénoncé leur agresseur rencontrent souvent de l'hostilité de la part d'une partie de l'entourage professionnel et se voient discréditées. Honte, culpabilité, peur, méfiance peuvent amener les victimes à se retirer de diverses activités et à se couper de la vie sociale.

3.5. Conséquence sur les études scolaires ou académiques

Beaucoup de filles ont l'école car les parents ont peur que le harcèlement entache l'honneur de la famille. Être victime de harcèlement sexuel entrave lourdement la réussite des études et conduit à l'abandon, l'interruption passagère, l'échec aux examens, et/ou l'obligation de changer de directeur de mémoire ou de thèse...baisses des résultats scolaires, absences multiples, etc.

Isolement par rapport aux parents, aux amis, à la famille, fugues, attitudes violentes, etc.

L'école a un rôle important de prévention dans le cadre du harcèlement scolaire. Elle a notamment pour mission de mettre en place des lieux d'expression ainsi qu'un climat de coopération entre les élèves et les professeur-e-s. Il est essentiel qu'elle sensibilise les enfants à la question du harcèlement et leur expose les règles du « vivre-ensemble » ainsi que les sanctions éventuelles lors de situations perçues comme étant des « dérapages ». L'école doit également se donner les moyens d'identifier les actes de harcèlement sexuel en étant attentive aux changements de comportements des élèves (isolement de l'élève, chute des résultats, hausse de l'absentéisme, etc.) et prendre en charge la situation.

En ce qui concerne la victime de harcèlement sexuel, il est essentiel qu'elle (ou un témoin) se tourne vers son entourage (amis, famille), son école (professeur-e, directeur, éducatrice) ou encore un autre service susceptible d'apporter une aide (service de médiation scolaire, services des équipes mobiles, centres psycho-médico-sociaux, ligne verte « Assistance écoles », ligne verte « École et parents », ligne verte « écoute enfants », etc.). Toutes ces pistes constituent la voie de la médiation et de la réparation.

3.6. Conséquence sur la carrière professionnelle

Ce sont également les carrières qui sont affectées par le harcèlement sexuel. D'abord, celles qui abandonnent leurs études en cours d'année ou qui décident de ne pas poursuivre leurs études doivent revoir leurs ambitions professionnelles à la baisse. D'autre part, l'existence de harcèlement sexuel dans l'enseignement supérieur écorne sérieusement la « vocation » à l'enseignement et à la recherche. Enfin, les victimes de harcèlement sexuel sont fréquemment bloquées dans leurs carrières par leur agresseur qui bénéficie généralement d'un pouvoir sur elles : empêchement de financement, de publication, d'accès à des postes...

Le harcèlement sexuel compromet ainsi l'accès des femmes à la formation puis à l'emploi, contribuant à maintenir les inégalités professionnelles entre femmes et hommes.

Selon le témoignage de Mme X déclare que *« J'ai été très surprise lorsque j'ai reçu le rapport de soutenance, établi par lui, de constater que ce document très court ne décrit ni l'objet et les apports de ma thèse, ni les échanges de fond intervenus. Ce qui constitue un lourd handicap lors des candidatures auprès du* CNU *».*

3.7. Conséquence sur l'inégalité de genre

Dans certaines communautés, avoir une fille harcelée sexuellement entache l'honneur de la famille. Les parents sont si anxieux d'éviter la honte qu'ils sont incités à garder leur fille à la maison.

Nous sensibilisons les parents, les responsables gouvernementaux et les communautés aux droits, à la participation et à la protection des filles. Il faut encourager les filles à faire valoir et à défendre leur droit à circuler librement, à occuper les espaces publics et à dénoncer les harceleurs en mettant en place des clubs d'activistes. Apprenons aux filles à se défendre grâce à de formation en Karaté (technique de défense). Former des personnes clés de confiance pour accompagner les filles dans leurs déplacements, comme les chauffeurs de tuk tuk sûrs, contrôleurs et les conducteurs de bus.

Il n'existe pas de méthode infaillible permettant de réagir « correctement » face à une situation de harcèlement de rue. Cependant, il est essentiel d'oser réagir, soit en se défendant ou bien en restant impassible. Diverses stratégies existent et peuvent s'avérer efficaces. Vous pouvez, par exemple :

Adopter un langage corporel calme et sans confusion, en parlant fort avec une voix claire et assurée afin d'exprimer votre refus.

De ne pas entrer dans la discussion : en effet, s'il s'agit d'une situation de harcèlement, votre priorité est de la stopper. En parlant avec votre agresseur, il risque de penser que vous êtes intéressé-e.

Employer la stratégie du disque rayé, en énonçant votre refus de manière identique et répétée jusqu'à ce que le harceleur abandonne. Vous exprimez ainsi clairement votre désintérêt.

Chercher de l'aide, en la demandant ou en attirant l'attention sur vous, en prenant les passants à partie. En tant que témoin, il est important de ne pas laisser une situation de harcèlement de rue se produire sans réagir.

Vous fâcher : vous confronter directement à la personne qui vous agresse pourrait la faire fuir.

Il est évident qu'il est difficile de réagir face à certaines situations de harcèlement. C'est pourquoi l'ASBL Garance organise des stages d'auto-défense physique et verbale à destination des femmes, ayant déjà été victimes ou non de harcèlement de rue. Ces stages enseignent aux femmes les méthodes de prévention dont chacune dispose pour agir sur sa sécurité au moyen d'exemples concrets. Ils leur inculquent également des techniques d'auto-défense.

Les cas de harcèlement physique comprennent : faire un massage dans la région du cou ou des épaules, toucher les vêtements, les cheveux ou le corps d'une autre personne, l'étreindre, l'embrasser, la caresser, la frictionner, la toucher ou se frotter sexuellement contre elle.

4. Mécanisme de lutte contre le harcèlement sexuel

Sensibilisation : parler de la situation des filles implique aussi les garçons et les hommes, encourage l'estime de soi et la mixité dans les espaces publics. Par exemple, aujourd'hui, les garçons ont davantage accès en ville aux équipements sportifs que les filles.

Nous sensibilisons les parents, les responsables gouvernementaux et les communautés aux droits, à la participation et à la protection des filles.

Nous encourageons les filles à faire valoir et à défendre leur droit à circuler librement, à occuper les espaces publics et à dénoncer les harceleurs en mettant en place des clubs d'activistes.

Nous apprenons aux filles à se défendre grâce à des cours de self défense.

Nous impliquons les garçons dans les activités de sensibilisation notamment grâce au sport.

Les filles sont parties prenantes et sont mobilisées pour identifient elles-mêmes les problèmes qui les concernent.

Nous identifions et formons des personnes clés de confiance pour accompagner les filles dans leurs déplacements, comme les chauffeurs de tuk tuk sûrs, contrôleurs et les conducteurs de bus.

Conclusion

Au terme de notre analyse il convient de retenir que le harcèlement sexuel une pratique qui détruit le bonheur et la dignité des femmes car elle est responsable des énormes impacts sur les victimes. Aussi il agit d'un fléau qui touche malheureusement un grand nombre des individus de sexe féminin. Cette violence entraîne des multiples impacts d'isolements, arrêts des études de longue durée, des invalidités, de longues périodes de chômage et traumatismes. Elle est pourvoyeuse de nouvelle forme de handicap et renforcent les inégalités, les injustices, l'exclusion, la précarité et la pauvreté dans nos sociétés.

Sigles et abréviations

TVT : Télévision National Tchadienne

UNICEF : Fonds des Nations Unies l'Enfance

HS : Harcèlement sexuel

CEDEF : Convention sur l'élimination de toutes les formes de discrimination à l'égard des femmes.

CELIAF : Cellule de Liaison et d'Information des Associations Féminines

Bibliographies

UNICEF : Violence faites aux femmes en Afrique de l'Ouest et du Centre

Ministère de la justice : code pénal tchadien, 1967

Québec (Commission des droits de la personne et des droits de la jeunesse) c Caisse populaire Desjardins D'Amqui, [2004] RJQ 355 (TDPQ).

MacKinnon, C. (1986). Dix années de combat juridique aux États-Unis. Dans Association européenne contre les violences faites aux femmes au travail (dir.). De l'abus de pouvoir sexuel, le harcèlement sexuel au travail (p.49). Paris : La Découverte/ Montréal : Boréal, 1990.

Langevin, L. (2005a). Mythes et réalités : la personne raisonnable dans le Code civil du Québec. Cahiers de Droit, 46, 351-375.

Bureau international du travail. (1996). Étude spéciale sur l'égalité dans l'emploi et la profession relative à la Convention no 111,

Burczycka, M. (2021). Expériences de comportements sexualisés inappropriés, d'agressions sexuelles et de discrimination fondée sur le genre vécues par les travailleurs dans les provinces canadiennes, 2020.

Hango, D. et Moyser, M. (2018). Harcèlement en milieu de travail au Canada. Regards sur la société canadienne, produit no 75-006-X au catalogue de Statistique Canada.

Langevin, L. (2005b). Progrès ou recul : réflexions sur l'accessibilité à la justice pour les victimes de harcèlement sexuel au Québec. Revue Femmes et Droit, 17, 197-217.

Sheppard, C. (2001). Harcèlement en milieu de travail : vers une approche systémique: Éditions Yvon Blais.

D. Le viol à l'égard de la femme : cas des femmes tchadiennes

Mme Caroline Ndimendoudé
Chercheure au CEDPE

Résumé

Cet article traite de la question du viol à l'égard de la femme, particulièrement, le cas des femmes tchadiennes. Souvent commis par force, le viol est considéré comme un délit qui ne doit en aucun cas être toléré. Néanmoins au Tchad, les auteurs de ces actes barbares font souvent l'objet d'impunité et donc la plupart de celles qui subissent les agressions préfèrent garder le silence sinon se tourner vers la famille ou les amies que d'aller vers les institutions officielles. Il tente également d'énumérer les facteurs qui contribuent à augmenter les cas de viol, les conséquences et proposer les actions à mener pour mieux prévenir ce fléau mondial.

Mots clés : viol, égard et femme.

Introduction

Partout dans le monde, les femmes font face aux différentes formes de violences parmi lesquelles, la violence sexuelle. Selon le dictionnaire « petit Robert », le viol se définit comme « un acte de pénétration sexuelle, de quelque nature qu'il soit, commis sur la personne d'autrui par violence, contrainte, menace ou surprise ». Pour l'Amnesty international : *« c'est un acte sexuel commis sur une personne sans son consentement. Il peut être exercé par la force, la surprise, la menace, la ruse et plus généralement par contrainte ».* Le viol est un crime qui associe violence, agression et domination. Il provoque des souffrances physiques et mentales aigues. Les femmes étant majoritaires, elles constituent la couche la plus vulnérable et sont souvent exposées aux violences ; les femmes en situation de handicap sont les plus ciblées.

Des nombreuses femmes dans le monde sont victimes de cet acte ignoble commis par des hommes malintentionnés, ignorants voire même criminels. Contrairement à ce que les gens pensent : *« les viols sont souvent commis par des inconnus »*, la plupart des cas, le viol est commis par une personne que la victime connait, il n'est forcément pas le fait d'un inconnu ; les auteurs des viols sont le plus souvent très proches des victimes, il peut s'agir: d'un ami, collègue, membre de la famille, partenaire ou ancien partenaire.

Mais, les victimes ont du mal à les dénoncer, compte tenu du regard de la société et de la stigmatisation dont elles vont faire l'objet, seules les plus fortes et courageuses peuvent signaler ces agressions, car il faut énormément de courage et détermination pour signaler un viol ; celles qui osent le faire sont souvent humiliées et considérer comme responsables (les gens ne cessent de leur demander les circonstances dans lesquelles les faits se sont produits et les raisons de leurs présences aux endroits où ils se sont produits).

L'Amnesty International dénonce (au travers de ses recherches et actions), l'utilisation du viol comme arme de guerre dans les conflits armés. Cet acte est commis dans le but de terroriser la population, c'est une stratégie qui vise à détruire le collectif par l'instrumentalisation du corps des femmes. Les lois relatives au viol sont souvent inadaptées et, dans beaucoup de pays par exemple, le viol conjugal n'est ni reconnu ni interdit. Or, le droit international fait obligation aux Etats de prendre des mesures positives pour interdire et empêcher le viol, ainsi que d'engager des poursuites et d'appliquer les peines prévues, quel que soit l'endroit où le viol a été commis et, que son auteur soit un agent de l'Etat, un mari violent ou un parfait inconnu.

1. Les cas de viol au Tchad

Le viol à l'égard de la femme est devenu un phénomène très récurrent. Il a gagné le monde et est devenu un fléau mondial, mais l'on peut dire qu'il est encore beaucoup plus présent au Tchad. Ainsi l'on constate ces derniers temps que ces agressions prennent de plus en plus de l'ampleur dans biens de régions du Tchad.

La violence sexuelle à l'encontre des femmes est considérée comme une des pires formes de violation des droits de la femme, une grave atteinte à la dignité, à l'intégrité mentale et physique et au développement de la femme.

Compte tenu de la stigmatisation et du sentiment de honte, les victimes du viol préfèrent garder le silence alors que ces agressions sont répandues et elles sont dévastatrices. Les femmes tchadiennes, à l'instar d'autres femmes africaines pour ne pas dire les femmes du monde sont très souvent sujettes de viols ou d'autres agressions telles que les violences physiques... Ce phénomène a pris de l'ampleur au Tchad, du fait qu'il y a une sorte **d'impunité des auteurs** (ces derniers sont rarement punis par la justice car il s'agit souvent des gens hauts placés : commandants, généraux, des membres du gouvernement ou leurs proches etc.) et **le non signalement de ces agressions par les victimes** (la peur d'être mal vues, jugées ou stigmatisées par la société). Plus les faits ne sont pas signalés, plus ils continuent de propager, parfois ces abus sont dénoncés mais ils sont étouffés par la famille ou la justice.

Le journal Tchadinfos rapporte dans ses lignes[29], qu'il existe au Tchad, des associations de défense des droits de la femme mais la plupart de ces associations se heurtent régulièrement à certains obstacles dans leur lutte, celle d'obtenir justice pour les victimes de ces pratiques. C'est le cas de la Ligue Tchadienne des Droits de la Femme (LTDF). Parmi les différents obstacles auxquels elles sont confrontées, ces associations accusent le laxisme de la justice, les pesanteurs socioculturelles : « *même si la sentence est tombée, parfois deux ou trois jours, les bourreaux se trouvent en liberté. C'est une façon d'aggraver encore la peine de la victime, voire une moquerie à l'égard de cette dernière. Cela fait qu'à un certain moment, les victimes se lassent de pouvoir porter plainte ; ce qui n'encourage pas. C'est juste un cinéma, la justice n'est pas prise au sérieux* », souligne Roukaya Mahamat Traoré, membre fondatrice de la LTDF. Kemneloum Annicette, par contre elle, met l'accent sur les tracasseries de la justice, « *avant la justice n'était pas aussi chère que maintenant avec les frais d'assignation qui sont de*

---

[29] Tchadinfos du 03 Mars 2023

50 000F. Il y' a aussi le regard, la stigmatisation de la société sur les victimes ». Au-delà du coût élevé des frais de procédure et du laxisme de la justice, ces associations considèrent également la famille comme un autre obstacle **« généralement les auteurs des Violences Basées sur le Genre (VBG), sont les membres proches même de la famille, souvent elle ne se soucie pas du ressenti de la victime mais plutôt cherche à préserver l'honneur en préférant le règlement à l'amiable »** explique-t-elle. Me Pofinet Diane, avocate au barreau du Tchad quant à elle, estime que très peu de cas notifiés à la justice n'ont eu de solutions, *« il faut aussi dire que certains cas ne sont pas rapportés à la justice. Ils sont souvent étouffés au niveau des commissariats ou de la famille ».*

Bien de régions du Tchad sont touchées par cet acte ignoble. Il est également très fréquent à N'Djaména, l'on assiste souvent à des viols collectifs ou viol commis par une seule personne ; le cas de viol les plus signalés sont des viols commis sur des mineures, ce sont parfois des agressions commises par un groupe de mineurs sur des jeunes filles ou les viols commis par des personnes âgées sur des fillettes de moins de 10 ans. Les agressions sur mineures sont très souvent liées à l'inceste. Dans la plupart des cas, c'est un proche qui commet l'agression sexuelle. Ainsi, si nous analysons les cas de viols sur mineures au Tchad, un enfant victime sur deux est agressé par un membre de sa famille. On rencontre des filles violées par leurs propres pères, cousins ou oncles. Dans certains cas, l'agresseur est lui-même mineur ; mais dans d'autres cas, les viols sur mineures sont commis par les forces de l'ordre, des personnes qui sont censées être les garants de sécurité de la population.

Le phénomène va de manière grandissante, il prend une ampleur inquiétante, il est donc important de dire avec précision combien de femmes sont victimes de violence sexuelle et trouver de solutions, mais ceci n'est pas facile, car comme nous l'avons énuméré un peu plus haut, les femmes violées ont honte et peur de signaler les faits, du fait de méfiance de l'entourage. De plus les mécanismes en place permettant aux victimes de signaler l'abus sont parfois méconnus, peu accessibles et peu efficients. Les données de la police et de la justice sont souvent limitées car basées exclusivement sur les cas qui leur sont présentés. Au Tchad, le viol sur la femme a un caractère tabou donc il y a un faible taux de signalement ; c'est pourquoi, l'on fait très souvent face à ces actes ignobles qui mettent les femmes en danger et détruisent leurs vies pour toujours. Selon Nodjikoua Epiphanie Dionrang, présidente de la LTDF : *« jusqu'à présent, nous n'avons pas de statistique sur les cas de violences faites aux femmes au Tchad, qu'il s'agisse de violences conjugales ou de feminicides. Nous voulons avoir ces chiffres-là. Un grand nombre de viols sont perpétrés, beaucoup de filles sont violées mais c'est toujours couvert par le silence. Dans certaines familles, à chaque fois que la fille est violée, ça se règle à l'amiable ».*

Pour aborder les Violences Basées sur le Genre (VBG) en générale, le rapport de l'Enquête Démographique et de Santé et à Indicateurs Multiples au Tchad (EDST-MICS 2014-2015) démontre qu'au Tchad : « *une (01) femme sur cinq (05) déclare être victime de violence physique et 12% des femmes subissent des violences sexuelles chaque année, 35% des filles sont mariées avant l'âge de 15 ans et 4% ont vécu des mutilations génitales ».*

II.   Les causes du viol

Le viol à l'égard de la femme est une faute grave voire un crime puni par la loi, cet acte est fréquent dans notre société (Tchad), mais force est de constater qu'il fait souvent l'objet de complaisance de la part des gouvernants.

Selon l'Amnesty International, « *le viol est un choix conscient d'imposer sa domination à l'autre et de le contraindre. Ce n'est pas une pulsion sexuelle soudaine, mais la décision réfléchie d'agresser gravement une autre personne* ». Ce fait résulte d'une décision murement réfléchie de la part de son auteur.

D'aucuns pointent du doigt l'attitude sinon le comportement de la victime mais la responsabilité d'un viol ne doit en aucun cas être attribuée à la victime. Ni la tenue, ni l'attitude de la victime ne doit être la cause de son agression ; le fait d'être seule dans la rue tard le soir ou le fait que la victime ait trop bu et donc ivre ne doit pas lui faire endosser la responsabilité du viol. Le viol est juste causé par le violeur quels que soient les moments, conditions et circonstances, c'est une faute qui doit purement et simplement être attribuée à l'agresseur.

Des conflits armés et le déplacement forcé de la population favorisent les violences basées sur le genre ; les déplacés sont exposés à des risques d'abus sexuel car ils sont dépendants des autochtones pour leur suivie et donc vulnérables.

Il existe également d'autres facteurs qui favorisent la violence sexuelle ; ces facteurs (les facteurs qui contribuent à augmenter les risques du viol du côté de l'auteur) sont entre autre : faible niveau d'instruction, exposition à la maltraitance pendant l'enfance, troubles de la personnalité, usage nocif de l'alcool etc.

III.   Les conséquences du viol

Le viol peut entrainer des conséquences graves dans la vie d'un individu ; il est un facteur de désinsertion socioprofessionnelle et peut entrainer des souffrances et troubles chez les victimes. Le viol peut provoquer des conséquences physiques telles que des douleurs aigues, des traces visibles comme des plaies du vestibule, perforations hyménales ainsi qu'une possible transmission des Maladies Sexuellement Transmissibles (MST) ou Infections Sexuellement Transmissibles (IST). Il peut aussi provoquer des conséquences à long terme telles que : des troubles gynécologiques, une affection neurologique etc.

Le viol peut également entrainer des conséquences psychologiques chez une victime. Les victimes des viol méritent d'être accompagnées par des spécialistes ; si ces dernières ne bénéficient pas d'un accompagnement, elles risquent d'avoir des troubles tels que : confusion, baisse de l'estime de soi, sentiment de honte, anxiété, stress post traumatique, dépression, troubles obsessionnels du comportement (TOC), comportements alimentaires perturbés, amnésie traumatique totale ou partielle, difficultés de remémorer les faits avec exactitude etc. Ces agressions peuvent être à l'origine des conduites à risque surtout quand le bourreau est proche de la victime, cette dernière peut avoir les idées suicidaires.

Le viol peut aussi avoir des conséquences sociales ; le plus souvent les victimes des agressions sexuelles sont confrontées à des difficultés sociales et relationnelles. Ces difficultés sont entre autre : isolement social, rupture avec la famille, manque de confiance et établissement d'une relation compliquée avec l'autre, difficultés professionnelles etc. Il peut entrainer une incapacité de travailler, des pertes de revenu, un défaut de participation aux activités ordinaires et une capacité limitée à prendre soin de soi-même et des enfants. Le viol peut conduire la victime à adopter des conduites malsaines telles que : la prise d'alcool, de la drogue et avoir des relations violentes.

IV. Les actions pour prévenir les cas de viol à l'égard de la femme

Etant donné que la violence sexuelle à l'égard de la femme constitue l'une des violations des droits de la femme les plus répandues, il est nécessaire et important d'agir afin d'éradiquer sinon réduire les violences faites aux femmes. L'éradication sinon la réduction des cas de viol, passe nécessairement par la sensibilisation et la formation de la population, il faut des initiatives et actions concrètes pour pouvoir mettre fin à ce fléau qui gangrène la société.

En 2019, l'OMS et ONU Femmes, avec l'appui de 12 autres organismes bilatéraux et des Nations-Unies, ont publié « RESPECT Women », un cadre pour prévenir la violence à l'égard des femmes destiné aux responsables de l'élaboration des politiques. Chaque lettre du mot « RESPECT » représente (en anglais) l'une des sept stratégies, à savoir : le renforcement des compétences relationnelles, l'autonomisation des femmes, la fourniture de services, la réduction de la pauvreté, la création d'environnements favorables (à l'école, sur le lieu de travail ou dans les espaces publics), la prévention de la maltraitance à l'égard des enfants et des adolescents et la transformation des attitudes, des croyances et des normes.

La directrice exécutive d'ONU Femmes **Michelle Bachelet,** quant à elle, a proposé à l'occasion de la journée internationale pour l'élimination de la violence contre les femmes[30], un agenda politique de 16 mesures qui aidera les Etats à éliminer les violences à l'égard de la femme. Il s'agit entre autre de :

1- ratifier des traités internationaux et régionaux : des traités qui protègent les droits des femmes et des filles, et garantissent que les lois et les services nationaux soient conformes aux normes internationales sur les droits fondamentaux. La

---

[30] La journée internationale pour l'élimination de la violence contre les femmes se célèbre chaque année le 25 Novembre, elle a été choisie en 1999 par l'ONU.

Convention sur l'élimination de toutes les formes de discriminations contre les femmes constitue un outil puissant en faveur du changement ;

2- adopter et appliquer des lois visant à mettre un terme à l'impunité, à poursuivre en justice les auteurs de violences à l'égard de femmes et de filles et à offrir à celles-ci des recours et des réparations pour les dommages qu'elles ont subis ;

3- développer des plans d'actions nationaux et locaux pour mettre un terme à la violence à l'égard des femmes et des filles dans chaque pays et qui rassemblent le gouvernement, les organisations de femmes et d'autres organisations de la société civile, les médias et le secteur privé en un collectif coordonné afin de faire face à de telles violations des droits fondamentaux ;

4- rendre la justice accessible aux femmes et aux filles par l'instauration de services juridiques spécialisés et gratuits et par l'augmentation du nombre de femmes dans les processus de mise en application des lois et les services de base ;

5- mettre un terme à l'impunité dans le cadre de la violence sexuelle en période de conflit en poursuivant les auteurs de violences en période conflictuelle et post conflictuelle et en respectant le droit d'accès, pour les survivantes, à des programmes de réparation adaptés et non discriminatoires et ayant un impact positif dans la vie des femmes et des filles ;

6- assurer un accès universel aux services de base : les besoins urgents et immédiats des femmes et des filles doivent consister au minimum dans : un service d'assistance téléphonique 24 heures sur 24, des services d'intervention rapide pour leur sécurité et leur protection, des logements et des abris sûrs pour les femmes et leurs enfants, des prises en charge psychologiques et sociales, des soins médicaux post-viol et une assistance juridique gratuite afin d'aider les femmes à mieux comprendre leurs droits ;

7- former les prestataires de services de base en particulier la police, les avocats, les juges, les travailleurs sociaux et le personnel de santé pour assurer qu'ils suivent des normes et des protocoles de qualité. Il est nécessaire que lesdits services soient confidentiels, sensibilisés et adaptés aux femmes survivantes ;

8- proposer des ressources publiques adéquates pour mettre en œuvre les lois et politiques existantes, qui reconnaissent les coûts et les conséquences dévastatrices des violences à l'égard des femmes, non seulement sur les vies qui en sont directement affectées mais plus largement sur la société, l'économie et sur le budget public;

9- rassembler, analyser et diffuser les données nationales sur la prévalence, les causes et les conséquences de la violence à l'égard des femmes et des filles, les profils des survivantes et des auteurs de violences, les progrès et les failles existants dans la mise en application des politiques, des lois et des plans nationaux ;

10- investir dans l'égalité des sexes et l'autonomisation des femmes pour lutter contre les causes premières de la violence à l'égard des femmes et des filles. Les domaines stratégiques comprennent l'accès à l'éducation secondaire pour les filles, les progrès en matière de santé reproductive et des droits des femmes, les liens intrinsèques existant entre la violence et le VIH/sida, et la participation politique et économique croissante des femmes ainsi que leur leadership. L'égalité des sexes et l'élimination des violences doivent être placées au cœur des objectifs du Millénaire pour le développement ;

11- améliorer l'autonomisation des femmes en garantissant le droit pour femmes de posséder des terres et des biens, hériter, percevoir un salaire égal pour un travail égal, et obtenir un emploi sécurisé et décent. L'inégal accès des femmes aux opportunités économiques et à l'emploi représentent un facteur majeur dans la perpétration de leur enlisement dans des situations de violence, d'exploitation et d'abus ;

12- accroître la sensibilisation du public et la mobilisation sociale pour éliminer la violence à l'égard des femmes et des filles et pour permettre aux femmes et aux filles victimes de violences de briser le silence et d'avoir accès à la justice et à un soutien adapté ;

13- engager les médias en influençant l'opinion publique et en contestant les normes néfastes à l'égalité des sexes qui perpétuent la violence à l'égard des femmes et des filles ;

14- travailler pour et avec les jeunes comme acteurs du changement pour mettre un terme à la violence à l'égard des femmes et assurer que les systèmes éducatifs favorisent l'autonomisation des filles et des garçons afin de transformer et construire des relations de genre basées sur l'harmonie, le respect mutuel et la non-violence ;

15. Mobiliser les hommes et les garçons de tous âges et de tous les horizons afin qu'ils prennent position contre la violence à l'égard des femmes et des filles et qu'ils favorisent l'égalité et la solidarité en matière de genre ;

16. Faire une donation au Fonds d'affectation spéciale de l'ONU pour mettre fin à la violence à l'égard des femmes qui est le seul fonds de subvention dans le monde exclusivement dévoué à cette expertise orientée et au soutien financier des actions nationales et locales.

Conclusion

Tout acte sexuel ou tentative d'acte sexuel exercé par un homme à l'encontre d'une femme est considérée comme un viol. Dès lors qu'un homme commet cet acte, il doit être puni par la loi ; les victimes de ces actes barbares doivent être entendues, protégées et faire l'objet d'un accompagnement par des spécialistes pour ne pas qu'elles tombent dans des situations (dépression, traumatisme etc.) qui vont détruire leur vie pour toujours.

Liste des abréviations

LTDF : Ligue Tchadienne des Droits de la Femme

VBG : Violences Basées sur le Genre

EDST-MICS : Enquête Démographique et de Santé à Indicateurs Multiples

MST : Maladies Sexuellement Transmissibles

IST : Infections Sexuellement Transmissibles

TOC : Troubles Obsessionnels du Comportement

OMS : Organisation Mondiale de la Santé

ONU : Organisation des Nations-Unies

Références Bibliographiques

- Journal tchadinfos
- https : // www.amnesty .fr
- https : // fr.wikipedia.org
- https : // www.journaldesfemmes. Fr
- https : // www.undp. Org
- https : // www.liberation. fr
- https : // reports.unocha. org
- https : // pilctchad. Org
- https : // www.journaldesfemmes. fr

IV.   PARTIE : Sondage sur ce que pensent les Tchadiens après le dialogue

-   **Préparatifs :** En prélude au lancement de l'enquête du 04 avril portant sur l'état d'esprit de la population en cette période de transition à la suite du Dialogue National Inclusif et Souverain (DNIS), l'équipe du centre a tenu une rencontre d'orientation avec les jeunes enquêteurs le 30 mars dernier. Ceux-ci devront administrer les fiches d'enquête à 1000 personnes à raison de 100 par arrondissement à N'Djaména. La ville en compte 10. Ce sondage d'opinion qui intervient six mois après le DNIS vise à évaluer les perceptions du public sur les résolutions et recommandations prises lors de cette grand-messe. Cette enquête qui est la cinquième de genre, se veut indépendante, apolitique, et offre au public l'occasion de se prononcer librement sur la situation sociopolitique post dialogue, la situation économique, sociale et etc.

    L'association des jeunes pour la construction d'un Tchad meilleur est l'un des partenaires de la société civile choisi pour la réalisation de l'enquête.

-   **Réalisation** : Effectué par le CEDPE le 4 avril 2023 et le résultat est disponible sur le site www.centrerecherche.com

    Sur un échantillon de 1000 personnes, 55,9 % sont pour un Etat fédéral alors que 37% ont préféré un Etat fortement décentralisé.

Au lendemain de la disparition brusque du Maréchal du Tchad, Idriss Deby Itno, le Tchad se retrouve dans une situation qui l'obligeait à réorganiser sinon refonder le pays. Le Conseil Militaire de Transition (CMT) est mis en place le 20 avril 2021, présidé par le Général Mahamat Idriss Deby. Ce conseil a publié une charte de transition dans le but de consolider l'Etat et renforcer ses institutions. A cet effet, un gouvernement de transition est également mis en place pour préserver la paix et la stabilité, d'assurer la continuité de l'Etat et poursuivre le développement du pays pendant la transition avant d'organiser des élections générales. Pour mener à bien ces actions, il est impératif pour le gouvernement d'organiser un dialogue national de réconciliation entre tous les fils du Tchad. Pour ce faire, le 20 Août 2022, il est ouvert des assises dites « Dialogue National Inclusif et Souverain (DNIS) » au palais des arts et de la culture de N'Djamena[31].

En effet, c'est avec beaucoup de difficultés que les assises du DNIS ont eu lieu du 20 aout au 8 octobre 2022. Déjà, la mise en place du présidium a causé de

---

[31] Caroline Ndimendoudé, Bilan du Dialogue National Inclusif et Souverain et le rôle spécifique de la Société civile, *Revue salam*, mars 2023, p54.

remous dès les premières heures[32]. Des suspensions de séance ont émaillé tout le long du processus.

A l'issue de ce DNIS, les Tchadiens attendaient que de grandes décisions soient prises au minimum et concrétisées par les autorités de transition. La tenue du DNIS étant une étape cruciale et un « tournant décisif » pour la stabilité de l'Etat et ses institutions, ainsi que « de la consolidation de la démocratie » et de l'Etat de droit au Tchad, il est quasi impératif de connaitre la réaction des tchadiens et de savoir comment ils ont apprécié ces assises et les conclusions y relatives.

C'est dans cette perspective et en vue de permettre aux « acteurs sociopolitiques » de disposer d'éléments d'analyses « scientifiquement élaborés » que le CEDPE a entrepris un sondage d'opinion des citoyens tchadiens dans le but de comprendre leurs attentes et les moyens de les réaliser et leurs propositions de solution « en fonction des situations ». Les résultats de ce sondage pourront servir de « boussole d'orientation politique » pour les décideurs politiques.

Le sondage d'opinion ou une enquête d'opinion est une application de la technique des sondages à une population humaine visant à déterminer les opinions probables des individus la composant, à partir de

---

[32] CEDPE-2023, « bulletin d'analyse sociopolitique du Tchad et de l'espace G5 sahel janvier 2022-janvier 2023 », *Revue Salam,* mars 2023, p.19.

l'étude d'un échantillon de cette population[33]. Ainsi, l'étude vise, à évaluer les perceptions et aspirations de la population, grâce à un échantillon de 1000 personnes réparties dans les 10 arrondissements de N'Djaména, six mois après le DNIS et ses conclusions. Il s'agit plus spécifiquement de :

- Cerner l'appréciation de la population sur la gouvernance et la deuxième phase de la transition en cours ;
- Faire une introspection du DNIS pour comprendre comment la population l'a vécue ;
- Dénicher plus exactement la lecture qu'elle fait des conclusions du DNIS ;
- Identifier ses attentes ;
- Libérer la parole sur certaines thématiques brulantes de l'heure (au Tchad comme dans l'espace Sahel).

Il convient de rappeler que l'histoire du Tchad est semée d'embuches. Plusieurs décennies de guerres ont non seulement retardé son développement économique, mais elles ont mis également le tissu social en lambeaux. Les populations tchadiennes, lassées de voir le pays rater le coche du développement à cause des tensions intestines et conflits internes à

---

[33] CEDPE-2021 « les vraies attentes de la population tchadienne » P. 11

répétition, sont gagnées par une sorte de pessimisme et développent une incrédulité accrue vis-à-vis des projets d'Etat ;

➢ Nombre de personnes restent dubitatives vis-à-vis des conclusions du DNIS, fustigent les conditions dans lesquelles il s'est déroulé et sont sceptiques quant à la mise en œuvre des conclusions ;

➢ Une frange de la population ne voit aucun changement six mois après la tenue du DNIS ;

➢ Le sentiment anti-français gagne de plus en plus du terrain et les peuples africains sont de plus en plus critiques en ce qui concerne la politique africaine de la France en Afrique subsaharienne.

FICHE D'ENQUETE N°.............../4 avril 2023
sur l'état d'esprit de la population en cette période de transition

Contexte

Ce questionnaire est conçu strictement dans le cadre d'une recherche scientifique et sociologique, dans la perspective de déterminer l'état d'esprit de la population en cette période de transition, à la suite du dialogue National Inclusif (DNIS). Le présent sondage vise à sonder l'opinion publique sur un certain nombre de sujets afin de situer sa perception et son appréhension. Les informations recueillies ne seront pas préjudiciables, d'autant plus que les formulaires doivent être remplis de manière anonyme. Votre participation contribuera au travail scientifique mais pourrait aussi aider les décideurs à améliorer leurs services pour le bénéfice de la population. La liberté d'opinion fait partie des principes fondamentaux de la démocratie. Le milieu scientifique vous remercie de votre participation !

Nom de l'enquêteur : M/ Mme/ Melle...tél/Watsu p...............

A. TITRE : Identification & Profil

Genre : M ☐   F ☐

Age : 15-19☐   20-24☐   25-29   30-34

35-40   40-44   45-49 ☐

50-54☐   55-59 ☐   60-74☐   75-plus ☐

Statut matrimonial : marié(e) ☐   célibataire ☐

Si marié (e), combien d'enfants avez-vous ?..

Statut professionnel : fonctionnaire☐   travailleur☐ chômeur   étudiant

Entrepreneur☐   débrouillard☐   ménagère☐

autre :...................................

B. TITRE : Dialogue National Inclusif et Souverain (DNIS)

Trouvez-vous que le DNIS a été véritablement inclusif et souverain ? OUI   NON

Justifiez votre réponse :

À cause de la non-participation de certaines formations politiques ☐

À cause de la non-participation de certains mouvements politico-militaires

Autres :..

....

Trouvez-vous que le déroulement du DNIS d'août à octobre 2022 au Tchad s'est passé dans les conditions escomptées ? OUI ☐ NON

Quelle lecture faites-vous des résolutions et recommandations qui sont issues de cette grand-messe nationale ?

Elles répondent aux attentes du peuple ☐ elles sont impopulaires

Selon vous, qu'est-ce qui a manqué pour que le dialogue soit une réussite ?

La transparence ☐ l'inclusion ☐ les débats ☐ de fond

Le DNIS est une réussite

autres :..

C. TITRE : La situation sociopolitique post DNIS

Estimez-vous que le peuple tchadien se soit déjà réconcilié avec lui-même après le DNIS

OUI ☐ NON ☐

Le Tchad est-il sur le bon chemin pour parvenir à une paix durable et définitive ?
OUI ☐   NON ☐

L'amnistie des prisonniers de guerre renforce-t-elle la réconciliation ? OUI   NON

La liberté d'expression et la justice sont-elles effectives ? OUI   NON

Avez-vous remarqué une baisse des tensions en ce qui concerne les conflits éleveurs-agriculteurs, fonciers, inter et intracommunautaires après le DNIS ? OUI NON

La cherté de vie a-t-elle été atténuée après le DNIS ? OUI   NON   ACCENTUEE

Bientôt sera organisé le référendum constitutionnel. Quelle forme de l'Etat souhaitez-vous ? Etat unitaire fortement décentralisé   Etat fédéral

Croyez-vous-en la transparence et la crédibilité des élections présidentielles à venir ?

OUI ☐   NON ☐

D. TITRE : Espace g5-sahel

Comment trouvez-vous la situation sécuritaire dans l'espace G5-Sahel des 12 derniers mois ?   Stable inquiétante   n'a pas changé comme toujours

Trouvez-vous que les groupes terroristes dans le G5-Sahel sont renforcés après le départ des troupes françaises de certains pays membres ?

OUI ☐   NON ☐

Le sentiment antifrançais se répand de plus en plus dans les pays africains, anciennes colonies de la France. ☐ Est-il justifié ?   OUI   NON

Pensez-vs que la politique africaine de la France profite ☐ au Tchad ? SI   NON

E. TITRE : Attentes & Commentaires

Quelles sont vos attentes des autorités de transition pour un Tchad émergent ?

Améliorer l'éducation ☐   améliorer l'électricité ☐ améliorer la santé

Désarmer les civils ☐   ouvrir le dialogue avec les politico-militaires réfractaires

Intégrer les jeunes à la fonction ☐ publique améliorer le climat des affaires

Construire des routes ☐   fournir de l'eau potable

Résoudre le problème de la cherté ☐ de vie rendre Internet accessible à tous

Autres :..

....

....

....

....

Observation   de   l'enquêteur
Signature de l'enquêteur

Date le 4 avril 2023

NB : Un échantillon de 1000 personnes est interrogé, en fonction de 100/ arrondissement. La base de données est épluchée par l'équipe de chercheurs du CEDPE soutenue par les enquêteurs puis une analyse statistique est assurée par le CEDPE. Le résultat définitif est publié lors d'une conférence de presse le 2 mai 2023.

460 ouvrages disponibles dans la bibliothèque spécialisée du CEDPE

Centre d'études pour le développement et la prévention de l'extrémisme – CEDPE

Bibliothèque spécialisée du CEDPE – Salle Toumai
INVENTAIRE DES OUVRAGES
N'Djamena, le 03/05/2023
Inventaire effectué par M. Ali Mahamat Ali et Yaya Adoum Sinine

N°	Nom de l'auteur	Titre de l'ouvrage	Quantité
01	DARWATOYE JOSIANE	Action des femmes en matière de prévention de l'extrémisme violent en quoi est-ce pertinent ? CEDPE, janvier 2022, 19 pages	03
02	AHMADOU KOUROUMA	Les soleils des indépendances, éditions du Seuil, 1970, 195 pages.	05
03	BOUBA NDOUBA	Analyse de la situation sociopolitique du Tchad et de l'espace G5 Sahel : Janvier2022-Janvier2023, 81 pages.	07
04	AHMAT MAHAMAT YAKOUB	Anatomie de la violence en milieu Scolaire, SALAM Revue scientifique du CEDPE, Edition Juillet 2022, 109 pages.	34
06	Dr AICHA MAHAMADOU	Anatomie des pratiques Docimologiques dans le Management des enseignants au Cameroun (ouvrage collectif), Amazone, 2021, 538 pages.	03
07	JOSEPH BRAHIM SEID	Au Tchad sous les étoiles, éditions Présence Africaine, 2017, 109 pages.	05
08	AHMAT YAKOUB	Au-delà de la transition	02

09	Dr AHMAT YAKOUB DABIO	BOKO HARAM : sortir de l'impasse, Editions Universitaires Européennes, 2019, 72 pages.	03
10	AIME CESAIRE	Cahier d'un Retour, Présence Africaine, 1983, 93 pages.	05
11	AHMAT YAKOUB	Chigueg un conflit intercommunautaire meurtrier, Tchad	06
12	DINGUEST ZENABA	Contre vents et Marées (Préface de Nocky Djedanoum) Figuira Editions, mai 2018, 141 pages.	04
13	Benoit GRIMONPREZ	De l'exigibilité en Droits des contrats	01
14	Larousse illustré	Dictionnaire de la langue française	01
15	ALAIN REY ET JUSETTE REY-DEBOVE	Le Petit Robert, dictionnaire alphabétique et analogique de la langue française	01
16	Florence MONREYNAUD	Dictionnaire de citations du monde entier	01
17	PIERRE OSTER	Dictionnaire de citations françaises	01
18	FRANCOIS DOURNON	Dictionnaire des mots et formules célèbres	01
19	CAMARA LAYE	Enfant Noir, Plon, 1953, 121 pages.	05
20	PAUL COEFFARD	Garantie des vices cachés et responsabilité contractuelle	01

		de droit commun, LGDJ, 2005, p. 265.	
21	STEPHANE ROSIERE	Géographie politique et Géopolitique, Ellipses, 2007, 423 pages.	02
22	BRICE ARSENE MANKOU ET PAUL KANANURA	Géopolitique du Djihadisme et du terrorisme en Afrique, Edilivre, 2020, 194 pages.	02
23	RAHMAN IDRISSA	Islam et Politique au Sahel	01
24	CHEIKH HAMIDOU KANE	L'aventure ambiguë, Julliard, 1961, 189 p.	05
25	VINCENZO MANO et CLAUDE OPHELE	L'enrichissement sans cause la Classification des sources des obligations, LGDJ, 2007, 185 pages.	01
26	OUSTAZ MAHAMAT YACOUB DABIO	L'itinéraire d'un sous papier	01
27	L.SENGHOR ET A.SADJI	La Belle Histoire de LEUK-LE-LIEVRE, EDICEF, 173 pages.	01
28	Dr AHMAT YACOUB DABIO	La Bombe à retardement, Amazone, 2021, 155 pages.	09
29	VALERE ETEKA YEMET	La charte Africaine des droits de l'homme et des Peuples	03
30	M.BETTATI O.DUHAMEL L.GREILSAMER	La Déclaration Universelle des Droits de l'homme de 10 décembre 1948	01

31	Dr AHMAT YAKOUB DABIO	La gestion des conflits, Médiation, Amazone 2020, 455 pages.	06
32	BOUBA NDOUBA, LA REVUE SCIENTIFIQUE SALAM DU CEDPE, EDITION DE MARS 2023	Droit de l'Homme, changement climatique, conflit, société civile et Démocratie (La Mort de la démocratie), mars 2023, p. 85.	26
33	IBRAHIM YOUSSOUF	La prévention de la violence en milieu scolaire et la promotion du Dialogue, Salam, 2022, 71 pages.	02
34	DAOUDA CESAR	La prévention des conflits et le rôle de la société civile	02
35	MAMADOU SOULEYMANE	La prolifération de groupes terroristes dans l'espace G5 Sahel En jeux et Solutions	07
36	BRAHIM OGUELEMI	La souveraineté des Etats du Sahel Face aux Défis Sécuritaires, L'Harmattan, octobre 2020, p. 173.	03
37	AIME CESAIRE	La tragédie du roi Christophe, Présence Africaine, 1963, 113 pages	05
38	AHMAT YAKOUB	LE Lac Tchad sans BOUKOU HARAM en 2022 c'est possible si... Cartographie de Boko Haram 2021, 27 pages.	05
39	Charles BAHUREL, Elisa B.	Le Brexit, Brylant, 2017, 367 pages.	01

40	Jean -Claude HALLOUIN et Hervé CAUSSE	Le contrat électronique au cours du commerce électronique, LGDJ, 2005, 141 pages.	01
37	STEPHANIE PAVAGEAU	Le droit de propriété dans les Jurisprudences suprêmes Françaises, européennes et internationales	01
38	MARIAME FAURE ABBAD	Le fait générateur de la responsabilité contractuelle	01
39	Dr AHMAT YAKOUB DABIO, OUBADJIMDEHA Désiré, DJAMIL AHMAT MAHAMAT YAKOUB	Le Tchad face à covid-19, Amazone, janvier 2021, 90 pages.	08
40	NABON LAAFI DIALLO	Le Terrorisme au Sahel, L'Harmattan, 2020, 189 pages.	04
41	MBODOU SEID	Le Terrorisme Transfrontalier au lac Tchad, L'Harmattan, 2020, p.213.	01
42	RAHIM KHERAD	Légitimes défenses, LGDJ, 2006, p. 303.	01
43	Jean –Paul SARTRE	Les Mains Sales, Gallimard, 1948, 245 pages.	05
44	ISABELLE FRUCTUS	Méthodologie de la recherche documentaire	01

		Juridique, Larcier, 315 pages.	
45	UNHCR	Nationality and Statelessness	01
46	NEMBEYE MAIBIGUE DAVY	Pour mieux prévenir l'Extrémisme violent au Tchad Revue scientifique du CEDEPE avril 2021	03
47	YACOUB ADAM AHMAT	Pour une Transition réussie et apaisée au Tchad	06
48	MAHAMAT AHMAT	Prévention des conflits et la promotion des valeurs démocratiques, Programme d'activités pour la période biennale 2022-2024-CEDPE, 79 pages.	18
49	Michel BOUDOT, Paolo Maria VECCHI et Didier VEILLON	Promesse et Actes Unilatéraux, LGDJ, juin 2009, 2015 pages.	01
50	BILEL AININE, XAVIER CRETTIEZ, FREDERIC GROS, THOMAS LINDEMENN	Radicalisation Processus ou Basculement ? Fondation Jean Jaurès, 2016, p.33.	01
51	MAHAMAT SALEH IBNI OUMAR	Regard sur l'Or blanc Tchadien, Edition le Souffle, 2019, 118 pages.	01
52	AHMAT YAKOUB	Les Relations Franco-Tchadiennes dans les	01

		années soixante, publibook, 2003, 171 pages.	
53	ISAAC TEDAMBE	République à vendre, Toumai, juin 2021, 1991 PAGES.	04
54	SEYDOU BADIAN KOUYATE	Sous l'Orage, Présence Africaine, 1963, 183 pages.	05
55	AHMAT YAKOUB	Stabilisation et Renforcement de la Résilience Des populations de la province Du lac-2023 SRRP-PL	02
56	ISSA MAHAMAT ABDELMAMOUT	Tchad : Comment sortir de la crise économique, SAO, 2017, 154 pages.	01
57	AHMAT YAKOUB	Un partenariat inégalé	01
58	DARWOTOYE JOSIANE	Une Analyse conceptuelle du sentiment anti-français au Sahel : prévention de l'extrémisme violent	01
59	ACAHIR YAYA	Une couleur de plus dans un arc-en-ciel, MACACOS, 2019, pages 287.	01
60	MARIAMA BA	Une Si longue lettre, NEAS, 2021, 175 pages.	05
61	FERDINAND OYONO	Une vie de boy, Julliard, 1956, 154 pages.	05
62	THEOPHILE NGAPA	La lutte contre le blanchiment d'argent dans la sous-région de l'Afrique	01

		centrale CEMAC: analyse à la lumière des normes et standards européens et internationaux, Thèse de doctorat en droit privé et sciences criminelles, Université de Poitiers, 18 novembre 2016, 521 pages.	
63	ASSOCIATION DEARTEMENTALE DE SAUVEGARDE DE L'ENFANT, de l'ADOLESCENT ET DE L'ADULTE DE SEINE SAINT DENIS	Rapport d'activités de 2015-2017, Dispositif de prévention et de Traitement des Basculements vers les Extrémismes violents, 27 pages	
64	CAROLINE GUIBET LAFAYE	Difficultés méthodologiques posées par l'analyse de la radicalisation, CNRS, septembre 2016, Paris, France. HAL	04
65	THEOPHILUS EKPON	Le rôle des jeunes dans la Prévention de l'Extrémisme Violent dans le Bassin du Lac Tchad, 2017, 21 pages.	04
66	WEST AFRICAN PAPERS	Long Term Trends across Security and Development in the Sahel, September 2009, NO. 25, 27 pages.	03
67	JOHN O. IGUE	Une nouvelle génération de leaders en Afrique : quels enjeux ?, Revue internationale de politique	04

		de développement, 2010, 17 pages.	
68	BNOIT GRIMPONREZ	De l'exigibilité en droit de contrat, LGDJ, 2006, pages 485.	01
69	DAVID ARTEIL	L'exécution du contrat par un non contractant, LGDJ, 2006, pages 294.	01
70	RAMPARANY	Le raisonnable en droit de contrat, LGDJ, 2009, 445 pages.	01
67	PNUD	Sur les chemins de l'extrémisme en Afrique : moteurs, dynamiques et éléments déclencheurs, 2017, 103 pages.	02
68	UNFPA	Rapport annuel 2015, Bureau Régional Afrique de l'Ouest et du Centre « transformer et améliorer les vies » ,70 pages.	02
69	GOREE INSTITUTE	Système de conflits et enjeux sécuritaires en Afrique de l'ouest, 2012, 233 pages.	02
70	MATHIEU PELLERIN (institut français des relations internationales IFRI)	Les trajectoires de radicalisation religieuse eu Sahel, février 2017, 30 pages.	06
71	NATIONS UNIES	Rapport de la Conférence contre le racisme, la discrimination raciale, la xénophobie et l'intolérance qui y est associée, Durban,	02

		31 août – 8 septembre 2001, 157 pages.	
72	FAO	Crise du bassin du la lac Tchad : stratégie d'intervention (2017-2019), atténuer l'impact de la crise et renforcer la résilience et la sécurité alimentaire des communautés touchées par le conflit, Rome 2017, 47 pages.	04
73	ALGÉRIE, Ministère des Affaires Maghrébines, de l'Union Africaine et de la Ligue des Etats Arabes	L'Algérie et la deradicalisation, une expérience à partager, septembre 2015, 30 pages.	01
74	CONVENTION SUR L'ELIMINATION DE TOUTES LES FORMES DE DISCRIMINATION A L'EGARD DES FEMMES	26 avril 1997 (entrée en vigueur)	07
75	PRESTABIST	La migration de l'analogique vers le tout numérique	01
76	ONUDC	Manuel sur la coopération internationale aux fins de confiscation du produit du crime, mai 2013, 117 pages.	02
77	AMNESTY INTERNATIONAL	Rapport : Le Protocole à la Charte africaine des droits de l'homme et des peuples relatif aux droits des femmes, 2004, 44 pages.	02
78	FREEDOM C. ONUOHA	Why do youth join Boko Haram? June 2014, 10 pages.	03

79	INTERNATIONAL PEACE INSTITUTE	Investir dans la paix et la prévention de la violence en Afrique de l'ouest et dans le Sahel Sahara : Conversations autour du plan d'action du secrétaire général, septembre 2016, 13 pages.	03
80	PNUD	Prévenir et lutter contre l'Extrémisme violent en Afrique : une approche en axée sur le Développement, 2012, pages 51.	04
81	INSTITUT D'ETUDES DE SECURITE	Les dynamiques de la radicalisation des jeunes en Afrique 2016, pages 31.	03
82	INTERNATIONAL CRISIS GROUP: WARKING TO PREVENT CONFLICT WORLDWIDE	Tchad : entre ambitions et fragilités, 30 Mars 2016, pages 32.	03
83	FRANCOISE NDOUWIMANA	La résolution 1325 du conseil de sécurité de l'ONU sur les femmes, la paix et la sécurité Comprendre les implications, remplir les obligations, pages 101.	02
84	FRANCOIS CORNUT-GENTILLE ET RODRIGUE KOKOUENDO	ASSEMBLEE NATIONALE RAPPORT D'INFORMATION Sur l'évaluation de l'action de l'Etat dans l'exercice de ses missions régaliennes en seine-Denis, Mai 2018, pages 73	01

84	UNESCO (bureau de Dakar)	Les dépenses des ménages en éducation, mars 2012, 51 pages.	03
85	UNESCO	Guide du personnel enseignant pour la prévention de l'extrémisme violent, 2016, 47 pages.	02
86	HEDAYAN	Guidelines and good practices, Developing National p/CVE Strategies and Actions Plans, September 2016 EDITION, 12 pages.	02
87	PROTOCOLE A LA CONVENTION DE L'OUA SUR LA PREVENTION ET LA LUTTE CONTRE LE TERRORISME	08-08-2004	02
88	INCLUSIVE SECURITY	Creating Inclusive and National Strategies to Counter violent Extremism, August 10, 2015, 7 pages.	02
89	MICHEL LITUMBUE : GROUPE DE RECHERCHE ET D'INFORMATION SUR LA PAIX ET LA SECURITE (GRIP)	Groupes armés, conflits et gouvernances en Afrique de l'Ouest : une grille de lecture, 27 janvier 2012, Bruxelles, 12 Pages.	02
90	ONU	Chartes des Nations Unies, 26 juin 1946, San Francisco.	02
91	UNFPA	Rapport sur le statut des adolescents et des jeunes en Afrique subsaharienne : enjeux et possibilités, 2012, 73 pages.	02
92	RADA BEN KIRAN, CENTRE POUR LE	Radicalisation, violence et (in)sécurité : ce que disent	04

	DIALOGUE HUMANITAIRE et l'UNFPA	800 sahéliens (Etudes des perceptions des facteurs d'insécurité et d'extrémisme dans les régions frontalières du Sahel), 2016, pages 182.	
93	UNFPA	Etat de la population mondiale 2016 ,111 Pages.	02
94	WILLIAM ASSANVO, BABA DAKONO, INSTITUT D'ETUDES ET DE SECURITE- ISS	Extrémisme violent, criminalité et conflits locaux dans le Liptako Gourma, Décembre 2019, 25 pages.	06
95	NATIONS UNIES, COMMISSION ECONOMIQUE POUR L'AFRIQUE	Les conflits dans la région du Sahel et leurs conséquences sur le développement, Addis - Abéba 2017, 147 pages.	02
96	EUROPEAN COMMISSION	Preventing and countering Violent Extremism, 2020, 149 pages.	02
97	ANDRE MARIN, OMBIDSMAN (ONTARIO)	Pris au piège de la LOI : enquête sur la conduite du ministère de la sécurité communautaire et des services correctionnels, Décembre 2010, 131 pages.	01
98	REPUBLIQUE DU NIGER- le Médiateur de la République	Rapport d'activités 2014, 95 pages.	01
99	REPUBLIQUE CENTRAFRICAINE	Stratégie Nationale de Prévention de la Radicalisation et de l'Extrémisme violent en RCA 2008-2021, juillet 2918, 48 pages.	01
100	SYLVAIN LANDRY FAYE	Visage de la radicalisation religieuse dans les espaces carcéraux africains, Fridrich	01

		Ebert Siftung, 2017, 23 pages.	
101	CONFERENCE AFRCAINE POUR LA PAIX.	The first african Conference for the Promotion of the Peace: Tolerance and moderation against extremism and fighting, 21-23 january, Nouakchott, 46 pages.	01
102	VALERE ETEKA YEMET	La Charte Africaine des Droits de l'Homme et des Peuples, Logiques Juridiques, l'Harmattan, Paris 1996, 476 pages.	03
103	PAUL BROUWERS	MOUNGED classique ARABE-FRANÇAIS, Dar El-MACHREQ, Beyrouth Liban,	01
104	DECLARATION SUR L'ELIMINATION DE LA VIOLENCE A L'EGARD DES FEMMES,	Résolution 48/104 du 20 décembre 1993.	02
105	OUA	CONVENTION de L'OUA SUR LA PREVENTION ET LA LUTTE CONTRE LE TERRORISME	02
106	GL JEAN HILAIRE (OUADDAI)	Recueil de quelques textes sur l'OUADDAI, mars 2005	01
107	UNION AFRICAINE	Déclaration Solennelle sur l'Egalité entre les Hommes et les Femmes en Afrique, Addis-Abeba, 6-8 juillet 2004.	01
108	G5 SAHEL	Lexique de la Radicalisation et de l'Extrémisme Violent dans l'Espace G5 SAHEL, 19 pages.	02
109	ARISTIDE D. BILOUNGA (IPREVA)	Prévention de la radicalisation et protection	05

		des droits de l'homme, 17 novembre 2022, 19 pages.	
110	REPUBLIQUE DU CONGO, le MEDIATEUR DE LA REPUBLIQUE	Rapport 2009 au Président de la République et au Parlement, 207 pages	01
111	INSTITUT ROYAL DES ETUDES STRATEGIQUES- IRES	Rapport Stratégique 2018 « Pour un Développement Autonome de l'Afrique, 344 pages.	01
112	LE MEDIATEUR DU FASO	Les actes de l'atelier national d'information et de formation : Médiation, Justice e règlement des conflits, mardi 19 novembre 2013, 81 pages.	01
113	AHMAT YAKHOUB DABIO	Les vraies attentes de la population Tchadienne, Enquête réalisé en février 2021 par le centre d'études pour le développement et la prévention de l'extrémisme, le CEDPE ,49 Pages.	01
114	ABU DHABI FORUM FOR PEACE	Amal al moutalakha adouwali assabi khim ma baad corona al tadamoune wa rouh roukab assafina, Decembre 2020; 265 pages.	01
115	ABDALLAH bin BAYYAH	Amal al moultakhi al douwali al samina Al watia al chamila min Al woudjoud al mouchtaraka ila al widjdaan al moutacharik; Decembre 2021, 236 pages.	01
116	Dr. MAHAMAT ILYASS AL-MOURAKCHI	Markass al muatta Tatawour al minhadj al oussouli indal malikiya	01

		Wa ousra fi al ikhtalafe al fikhi, 987 pages.	
117	ABDELMADJID ASCHAGG	Markass al muatta Minhadj al idjtihad Moukhariba fi minhadjiya al idjtihad Tafssir wa taalikh wa tanzila, 2018, 441 pages.	02
118	Dr. YOUSSOUF HAMITOU	Markass al muatta , Assli iytibar al maal fi al bahass al fikhi , 2018, 467 pages.	01
119	ABDALLAH bin BAYYAH	Halafa al mafzoul farta lil sallam al alami du 05 au 07 Decembre 2018,101 pages.	03
120	DECLARATION DE MARAKECH	Lihoukhoukh al akhliyat al diiya fi al aalam al isslamiya al itar al char iya wal daawa ilal moubadira 25-27-Janvier 2016,119 pages.	02
121	Dr. ABDEL-HAMID ACHAAG	Silsila al salam Silsila tashiy al mufaham 1 Al djihad rafidan lill salam, 129 pages.	01
122	ABDALLAH bin BAYYAH	Al kalimatou al taatiyriyatou Dawrou al adyan fi taziz al tassamou : min al imkan ila al ilzam 09-11- Decembre 2019, 53 pages.	01
123	cheikh ABDALLAH bin BAYYAH	Ma hazihi bitarikh al djanna , 35 pages.	01
124	CONFERENCE AFRICAINE pour la PROMOTION de la PAIX.	Brochure en arabe, Nouakchott, 20 pages	02
125	ABDALLAH bin BAYYAH	Al salam, édition 2014, 218 pages.	01

126	ROUDWAN MARHOUM HAMID BOUDAR	Al salam, 521 pages.	02
127	MARKAZ AL MOUATTA	Imkanate al tadjdid wa wadjib al wakhte Janvier 2018,461 pages.	02
128	ABDOULAY bin Acheikh AL-MAHFOUZ bin BAYYAH	Khima akhdar al alamiya ,21 novembre 2017,47 pages.	01
129	BY SHAYKH ABDALLAH BIN BAYYAH	ISLAM IN A GLOBALISING WORLD, 2022, 31 pages.	01
130	Cheikh ABDALLAH Bin BAYYAH	The Fiqh of contingencies, 37 pages.	01
131	HH Sheykh ABDALLAH Bin ZAYED Al NAHYAN, HE Sheikh ABDALLAH Bin BAYYAH ,HAMZA YUSUF HANSON	In pursuit of peace 2014 Forum for promoting Peace in Muslim Societies, 32 pages.	01
132	Sheikh ABDALLAH Bin BAYYAH	Peace In Islam: 2 Framework Speech 28th-30th April 2015, 41 pages.	01
133	Sheikh ABBDALLAH Bin BAYYAH	The Nation State In Muslim Societes 3 Framework Speech 18th-19th December 2016, 45 pages.	01
134	FONDATION MAARIF de TURQUIE	Former d'honnêtes gens, brochures, 24 pages.	01
135	FONDATION MARRIF de TURQUIE	Valoriser l'éducation, brochures, 23 pages.	01
136	*L'itinéraire d'un sans papier : Oustaz Mahamat Yacoub*	Ahmat Yacoub, Amazon EU S.a.r.L	02

	Dabio, Yacoub Dabio, Ahmat Mahamat		
137	*Un regard sur le terrorisme au Sahel*	TEYANE, TEYANE Bertrand, Amazon EU S.a.r.L	02
138	*LA PREVENTION DE LA VIOLENCE EN MILIEU SCOLAIRE ET LA PROMOTION DU DIALOGUE*	Ibrahim Moussa Youssouf, Amazon EU S.a.r.L	04
139	*POUR MIEUX PREVENIR L'EXTRÉMISME VIOLENT AU TCHAD*	*Revue scientifique du CEDPE avril 2021*, MAIBIGUE Davy, NEMBAYE Vendu par : Amazon EU S.a.r.L.	5
140	*LES CONTRAINTES DE LA GOUVERNANCE ET L'EXTRÉMISME VIOLENT DANS LA PROVINCE DU LAC : CAS DE BOKO HARAM*	Koubra, Koubra Abdoulaye Issa Abdoulaye Issa Vendu par : Amazon EU S.a.r.L.	10
141	*Ce que pensent les Tchadiens après le Dialogue - SONDAGE : Sondage d'opinions sur l'état d'esprit de la population Post-DNIS*	Madame, Caroline Ndimendoudé Vendu par : Amazon EU S.a.r.L. avril 2023	5
142	*Terrorisme : Les désengagés et la justice transitionnelle*	Defallah, Ahmat Adam Amazon EU S.a.r.L.	15
143	*LES CONFLITS PROFESSIONNELS ET LE ROLE DES SYNDICATS : ETUDE A PARTIR DU CAS DU SYNDICAT DES ENSEIGNANTS DU TCHAD (SET)*	Mahamat, Maha Mahamat Ali Amazon EU S.a.r.L.	20

144	Programme d'activités pour la période biennale 2022 -2024	CEDPE, Ahmat Mahamat, projet NED	10
145	**Les Violences Basées sur le Genre (VBG), Revue scientifique**	CEDPE, Juin 2023, Vendu par : Amazon EU S.A.R.L.	50

3ᵉᵐᵉ édition - juin 2023 – CEDPE
Sous la direction de Bouba Narcisse

Revue éditée par le Centre d'Études pour le Développement et la Prévention de l'Extrémisme (CEDPE) grâce au projet « *Prévention de l'extrémisme violent et promotion des valeurs démocratiques au Tchad* » subventionné par *National Endowment for Developpment (NED)*

- Adresse : centre d'études pour le développement et la prévention de l'extrémisme – CEDPE, quartier N'djari, N'djamena, Tchad
- Site web : www.centrerecherche.com
- Adresse mail : yacoubahmat@aol.com
- tel/Wattsapp: 0023599860817

Le CEDPE rappelle qu'il est un organisme associatif, apolitique et indépendant.